Edeltraud und Othmar Danesch

Nah

Natur
im
bereich

Hallwag Verlag Bern und Stuttgart

Gestaltung: Gerhard Noltkämper

Gesamtherstellung:
Hallwag AG Bern
ISBN 3 444 10134 1

Inhalt

8

Vorwort

Die Beziehung zwischen Mensch und Natur ist so alt wie unser Menschengeschlecht; Mensch ohne Natur ist nicht möglich. Aber wenn wir das einzelne Menschenleben sowie den Ablauf der gesamten Menschheitsgeschichte befragen – soweit uns dies möglich ist –, zeigt sich, daß sich dieses Verhältnis zur Natur wandeln kann, daß es sich vielfach gewandelt hat und mit ihm unser Bild von der Natur.

Ich blicke durch das Fenster vor meinem Schreibtisch hinaus auf die Wiesen, auf die Felder und Baumgruppen, auf den dunklen Nadelwaldstreifen, der sich vor die hohen, zerklüfteten Kalkberge des Karwendels schiebt, auf den heute wolkenlos blauen Himmel. Und ich frage mich: Was ist für uns Menschen der Gegenwart Natur? Lieber würde ich fragen: Was ist Natur überhaupt? Aber darauf können wir keine gültige Antwort erteilen, denn wir stehen selbst in dieser Natur, unsere Körper stammen aus ihr. Sie erhält uns, bietet uns Wohnung und Lebensraum, Rohstoff und Antriebskraft. Gesamthaft ist sie von uns unüberschaubar. Wir können nur unsere Erfahrungen befragen, eingedenk dessen, daß die Grenzen, an die wir stoßen, unsere eigenen Grenzen sind.

Was ist für uns Natur? Welches Bild haben wir von ihr?

Eine unübersehbare Fülle von Erscheinungsformen: der Himmel in seiner Bläue, mit Morgenrot, Nordlicht und Sternen; Berge, Gestein und Kristall; Elefant und Maus, Vogel und Schmetterling, Wespe, Schlange, Krebs und Muschel; Baum und Grashalm, Veilchen und Kastanie. Und alles begabt mit Lebendigkeit.

Geburt und Wachstum, Erhaltung, Zeugung und Tod; Entwicklung und Entfaltung.

Unüberschaubar die Auswirkungen: Kräfte und Strahlungen, verkettet und verwoben; Farbe und Ton –

Und überall Gesetz und Regel, lebendige Ordnung und Gleichgewicht, Schönheit –

Natur ist immer noch und immer wieder wunderbar und geheimnisvoll. Doch was wir flüchtig betrachten, bleibt verschlossen für uns. Nur wenn wir uns offen zuwenden, erfahren wir.

Jede Form der Natur sagt aus, wir müssen nur die Frage stellen. Wir stellen sie nun, indem wir näher rücken, den Nahbereich betreten, die Unmittelbarkeit der lebendigen Gestalt und Äußerung mit der Lupe oder mit dem geübten beobachtenden Blick befragen. Dabei erfahren wir, wie von Bekanntem das Alltägliche abfällt, jener Schleier, der uns so oft am Erkennen hindert; wie sich die Form aufzuschließen beginnt, für uns zur Äußerung des Wesentlichen wird. Und wir erleben, wie uns das Staunen erfaßt, das Staunen vor dem Lebendigen.

9

Begegnungen am Meer

Kein Mensch bleibt vom Anblick des Meeres unberührt, mag er das erstemal im Leben vor ihm stehen oder mag es für ihn ein Wiedersehen sein.

Bewegtes Wasser bis zum Horizont, doch weiß man, daß es dort noch nicht zu Ende ist. Bewegtes Wasser, weiter, als das Auge reicht, Teil der Wassermassen, die weite Gebiete der Erde bedecken. Immer wieder nur ein Teil, wo wir auch stehen mögen, und immer wieder anders in den Einzelheiten.

Wir können stundenlang am Meer verweilen, nur seine Bewegungen verfolgend. Wir sehen, wie der breite Kamm der Wogen sich weit draußen bildet, erst sanft anhebend wächst, aufwallt, zur breiten Mauer anläuft, sich gischtend, tosend überstürzt und schließlich, wie gezähmt, schäumend vor unseren Füßen auf dem Sand verrinnt.

Wer dieses wechselhafte Spiel monatelang, jahrelang vor Augen hat, entdeckt, daß es bestimmte Abschnitte aufweist, Gesetzmäßigkeiten erkennen läßt und Regeln zeigt. Ebbe und Flut unterscheidet man bald. Man beobachtet, wie sich in einem ganz bestimmten Rhythmus das Meer zurückzieht und wiederkehrt, wie hoher Wasserstand mit niedrigem wechselt. Wenn man das erstmals selbst an einem Ort beobachtet, an dem die Flut das Meer sichtbar ansteigen läßt, hat man den Eindruck, dieser Wechsel der Gezeiten sei eine Eigenschaft des Meeres und es geschehe alles ganz von selbst. Doch jedes Kind weiß heute, daß Gezeiten Reaktionen des bewegten Meeres auf Zugkräfte von Mond und Sonne sind. Nur für den, der die Einzelheit im engen Ausschnitt sieht, vom Ganzen losgelöst, erscheinen sie aus sich selbst heraus entstanden und bewegt. Jeder Nahbereich, wie immer wir ihn fassen mögen, kann uns nur Auswirkungen zeigen und Gewordenes, das seinerseits Weiterem zum Anstoß wird und dessen Gestalt und Form wir erst dann verstehen lernen, wenn wir nach dem Ursprung forschen.

Auch die Wellen, die das Wasser der Bucht an der Oberfläche kräuseln, die Dünung, die gegen die Küste läuft, die Art und Weise, wie das Meer gegen die Klippen schlägt, auch sie sind Auswirkungen. Das Leben vieler Generationen am gleichen Gestade hat die Eingeborenen gelehrt, daß beispielsweise eine ganz bestimmte Brandungsart einem Taifun vorangeht, daß eine lange Dünung in ihrem Gebiet schwere Stürme anzeigt, und der erfahrene Leuchtturmwächter wußte das Wellenmuster des Wasserspiegels unter ihm zu deuten, als läse er in einem aufgeschlagenen Buch. Wellen haben ihre eigene Sprache. Heute arbeiten wir mit Wellenregistratoren, werten Luftaufnahmen aus, setzen mathematische Formeln ein, um diese Wellensprache verstehen zu lernen, um zu erfassen, was sie uns zu sagen hat.

Ein wirres Muster auf offenem Meer. Wellenzüge begegnen, vermischen und kreuzen sich, verstärken einander oder lösen sich in der Begegnung auf. Manche auf offener See entstanden und wieder aufgeschluckt, ohne Spuren zu hinterlassen. Andere irgendwo geboren und ausgesandt, die weite Erde zu umrollen, ehe sie sich an fernen Klippen tosend brechen.

10

Heute wandern vom Horizont steile, spitze Wellen gegen die Küste her, sie tragen Schaumkronen, und Gischt spritzt über ihre gläserne Front. Das Meer vor uns sieht aus, als ginge ein unsichtbarer Pflug über seine Oberfläche hinweg. Der Wind ist sein Pflug. Sein Druck formt heute unweit der Küste Wellen, die brechen, noch ehe sie sich zu weiten, brüllenden Wogen sammeln können.

Ein andermal sehen wir, wie Wellen aufsteigen, als stießen sie gegen ein Hindernis, das draußen im Meer, wo die Brandungszone beginnt, aufgerichtet ist. Gischtkämme bilden sich da und dort, doch im Näherrücken wächst die Wellenwand immer höher auf, gewaltig, bedrohlich. Bis sie dann donnernd zusammenbricht und sich vor uns auflöst. Solche Wellen haben einen sehr weiten Weg hinter sich, von ihrem Ursprung bis zu unserem Küstenstrich, an dem sie ihr Ende finden.

Die meisten Wellen werden von Wind, Stürmen, Orkanen erzeugt, doch auch durch unterseeisches Erdbeben entsteht Bewegung im Meer. Solche Wellen steigen plötzlich aus der See auf; ihr Ursprung liegt im Erdbebenherd der Tiefseegräben. Ehe sie mit ihrer zerstörerischen Wucht die Küsten erreichen, zieht sich dort das Meer vom Land zurück, es wird hinausgesaugt, erst dann stürzen die Wogen nach, geschoben und hoch aufgetürmt von ungeheuerlicher Kraft.

Überall, wo Meer und Land einander begegnen, finden wir Spuren eines intensiven Gebens und Nehmens, wobei man meist den Eindruck hat, daß vor allem das Meer der Nehmende ist. Unentwegt greift es an, spült aus, nagt, sägt, lockert Felsbrocken und reißt sie tosend und brüllend herab, rollt sie und schleift sie und mahlt sie zu Sand. Und doch entstand im Meer das erste Leben auf der Erde. Ohne Meer kein Lebewesen. Selbst unser Blut ist noch dem Meerwasser nahe verwandt, enthält die gleichen chemischen Stoffe in denselben Mengenverhältnissen. Und ohne Meer keine Kalkgebirge, kein Karwendel und kein Kreidefels.

In langen Kämmen läuft das Meer heran zu den Roten Felsen südlich von Santos, galoppiert es und läßt seine Schaummähnen wehen, verhält vorn bei den Klippen, springt sie angriffig an und stürmt seitlich her. Hier findet es kaum Widerstand. Es tost in die vielen Rinnen und Kanäle herein, schießt zwischen die scharfen Schroffen, spritzt über das zernagte Gestein, das hier überall so scharf ist, daß man zögert, den Fuß darauf zu setzen – es bröckelt auch oft unter den Tritten ab. In kreisrunde Mulden dringt die Flut ein. In manchen bleibt auch bei Ebbe das Wasser stehen, es findet keinen Abfluß. Rot sind die Felsen, genarbt wie uraltes Holz, an manchen Stellen leicht poliert. Braunrote Schlieren durchziehen sie, dunkelockerfarbene Bänder, helle Spuren, und da und dort tritt glänzend eine Quarzader zutage. Wie Schmuck. Ungeschlacht, wie vieles hier, doch auf irgendeine Weise kostbar.

Zerbrochene Muschelschalen. Was hier hereingespült wird, hat eine heftige Fahrt hinter sich. Strandasseln, aufgestört, rennen flink, ein paar verschwinden im nächsten Spalt, andere flüchten ins Wasser; sie sind dort wie da gleicherweise daheim. Dann ist wieder nur mehr bewegtes Wasser zu sehen. Es fingert herein, zieht wieder ab, spritzt herauf, schlägt an den Fels und tost. Die Herde der kleinen, schwarzen Miesmuscheln bewegt sich nicht. Seit die Ebbe sie trockengelegt hat, verharren sie mit zusammengeklappten Schalen und warten so auf die Flut. Ganz vorn, an den äußersten Felsen, die jetzt nicht erreichbar sind, denn dort kocht und schäumt das Wasser, sitzen merkwürdige Seepocken dicht nebeneinander. Ab und zu findet man Bruchstücke ihrer rosaroten Schalen in Rinnen und Kanälen zwischen den Felsen. Es ist kaum zu glauben, daß diese spitzen Hügelchen draußen Tiere sind. Sie sehen wie kleine, steinharte Vulkane aus, deren Krater von innen zu schließen sind. Sie kommen dort draußen in allen möglichen Größen vor, klein wie ein Pfefferkorn bis fingerhutgroß und noch einiges darüber. Jeder kleine Vulkan ist rosarot, vom Krater abwärts mit sechs deutlichen helleren, quergerillten Runsen versehen, die oben breiter als unten sind, und aus dem Krater selbst kann das unsichtbare Tier mit rankenartigen Fangfüßchen das Wasser nach Nahrung durchsuchen. Seepocken zählen zu den Krebsen, sie sind äußerst seßhafte Tiere, nur in ihrer ersten Lebenszeit streunen sie als Larven im Meer umher. Danach setzen sie sich fest und bauen sich kleine Kraterkegel aus Kalk. Doch wo sie sich festsetzen, steht ihnen nur in gewissen Grenzen frei. Manche Seepocken sind geeignet, in der Gezeitenzone zu leben. Sie schließen während der Ebbezeit wie die Miesmuscheln das Haus und warten, bis das Wasser sie wieder weckt und Nahrung bringt. Solche Larven setzen sich auch nur in der Gezeitenzone fest. Andere Arten suchen tiefere Stellen auf, sie vertragen keine Trockenzeit. Die Schildkröten-Seepocken verankern sich fest an Schildkrötenpanzern, und Wal-Seepocken an der Haut der Wale. Diese beiden geben auf diese Weise das Wandern zeitlebens nicht auf.

Manchmal liegen nach der Flut zwischen den Schroffen und in den Mulden der Riffe merkwürdige Gebilde, von denen man nicht recht weiß, was man von ihnen halten soll. Jedes ist ein Gehäuse, das ist wohl zu sehen, doch keine Muschelhälfte, das merkt man am Bau. Es ist flach kegelig und innen glatt und ähnlich ocker, bräunlich und grau getönt wie leere Meeresschneckenhäuser. Ich habe vor Jahren mit dem Tier, das in diesem Gehäuse wohnt, meine Erfahrung gemacht. Wir fanden diese Schalen zur Ebbe an Felsen geklebt, sie sahen selbst fast wie Felsstückchen aus. Ich wollte eine vorsichtig ablösen, es gelang aber nicht, sie saßen fest wie angewachsen. Dann kam die Flut, und siehe da, der Flachkegel regte sich und ging auf Wanderschaft. Nicht weit weg, nur ein wenig in die Umgebung, doch dabei zeigte sich, was darunter steckt: eine Schnecke. Und es zeigte sich auch, warum mir nicht gelungen war, sie bei Ebbe von der Stelle zu rücken. Den Platz, an dem sie zu sitzen pflegt, hatte sie vertieft, darin hockte sie wie eingemauert, dicht angeschmiegt, das flache Kegelhaus über sich. Sie war nicht die einzige, die dort an den Felsen nahrungssuchend spazierenging. Aber alle Napfschnecken kehrten wieder, ehe das Meer ihre Weidegründe verließ, zum altangestammten Platz zurück, um sich festzusetzen, alle Luken dicht, und den trockenen Teil ihres Tages friedlich zu verschlafen.

Immer wieder, wo Felsen und Meer sich begegnen, treffen wir auf Seeigel, auch hier bei den Roten Felsen. Seeigel gehören zu den Tieren, denen der Name auf den Leib geschrieben ist. Man zweifelt keinen Augenblick daran, daß sie zu den Stachelhäutern zählen, das sieht man ihnen auch an. Hier leben Scharen fast schwarzer Seeigel. Ich bin sehr dankbar, daß sie so dunkel sind, man sieht sie besser als die hellstacheligen Arten in ihren Tarngewändern. Daher gibt es – solang man sehen kann, wohin man greift oder was man berührt, weniger häufig eine unliebsame Begegnung mit ihnen. Jeder Seeigel ist eine Festung. Wo man sich ihr nähern könnte, starren spitze Stacheln, und wo sie keine Stacheln aufweist, sitzt sie, ähnlich wie die Napfschnecke, fest in einer Felsenvertiefung, die sie sich selber geschaffen hat. Die Stacheln sind beweglich, bei manchen Arten sehr lang, und es gibt auch Seeigel, die auf solchen Stacheln dahinstelzen können. Die meisten bewegen sich mit Hilfe ihrer Saugfüßchen, die Stacheln helfen nur gelegentlich nach. Berüchtigt ist der im Roten Meer beheimatete Diadema-Seeigel, der meterlange, sehr spröde Stacheln aufweisen soll, die bei Berührung leicht abbrechen können und Gift in die Wunde bringen. So wehrhaft sind unsere dunklen Seeigel hier nicht, wenn auch ein eingetretener Stachel von ihnen nicht gerade zum Angenehmsten zählt.

Neben den Roten Felsen dehnt sich ein langer, feinsandiger Strand. Dort findet man manchmal im Kehrichtstreifen der Flut ein Stück eines Seeigelpanzers, ganz selten einmal einen kleinen, ganz unbeschädigten. Es sind sehr verletzliche Panzer, die größeren werden unweigerlich in viele Teile zerlegt, ehe eine Flut sie an Land spült. Ich sollte sie besser Schalen nennen oder Schalenskelett, doch vermittelt Panzer ein besseres Bild. Schließlich ist auch dessen Verletzlichkeit durch die vielen Stacheln verstärkt, die mittels Höckergelenken rundum auf ihm sitzen. Immer wieder, sooft ich einen solchen kreisrunden, gleichmäßig gewölbten Seeigelpanzer in den Händen halte (die Stacheln trägt er längst nicht mehr), erfüllt mich tiefes Staunen. Kalk, ein kaum spürbares Gewicht auf meiner Handfläche, vollkommen, ohne Fehler gewölbt und gerundet, aus Einzelteilchen zusammengeschweißt. In der Kuppel oben ein rundes Loch, von dem die Anordnungen fünfstrahlig auseinanderlaufen: feinziselierte und leicht auseinanderweichende Doppenbahnen, streng in Reihen angeordnete Halbkugeln, denen glänzende Kugeln aufgelegt sind. Wie geformt, um etwas auszudrücken, das den Künstler bewegt hat, und nun hat er die Form gefunden und vorgelegt. Nichts von dem; nur ein Panzer ist es, ein Schalenskelett eines Seeigels. Geworden, indem sich verwirklichte, was in einem Seeigel-Ei angelegt war, das irgendeinmal ein erwachsener Seeigel hinaus ins Meerwasser entließ, eines von sehr vielen, das herumschwamm, nicht von irgendwem aufgeschluckt, sondern befruchtet wurde und zu einer Larve, dann zu einem Seeigel heranwuchs. Außen, rundum auf dem Gebilde, das nun auf meiner Handfläche ruht, saßen die Stacheln, innen lebte das Tier. Ein unvorstellbares Tier. Am untern Pol der Kugel, die es war, ein Mund mit fünf im Kreis angeordneten Zähnen, mit denen es Algen von den Steinen weidete, aber auch eine Sitzgrube aus dem Fels herausnagen konnte. Ein Magen, ein Darmschlauch, ein merkwürdiges Kanalsystem, in dem Meerwasser pulste und mit dem die beweglichen Saugfüßchen in Verbindung standen, die an den feinziselierten Doppenbahnen der Kalkkugel ansetzten. Ein Nervensystem, auch strahlig-sternförmig wie das Wassergefäßsystem gestaltet, viele Sinneszellen außen am Körper, Keimdrüsen für die Vermehrung der Art. Etwas Lebendiges, ein Tier, in der Weise, wie es lebt; ein unfaßliches, fremdes Tier.

Manchmal spült die Flut auch einen Seestern auf den Sand. Dort liegt er dann eine Weile an der Sonne, ohne Wasser stirbt er bald. Vielleicht holt ihn das Meer nochmals zurück, wirft ihn wieder heraus, das geht eine Weile so. Außer Fischern kommen kaum Menschen an diesen Strand, und die Fischer

12

lassen den Seestern liegen, wenn er angespült wird, wie auch die Muscheln und Meeresschneckenschalen – was sollen sie damit? An einigen Stellen kann man unter Wasser lebendige Seesterne beobachten. Es sind seltsame Tiere, ebenso merkwürdig wie die Seeigel, mit denen sie verwandt sind, und im Grunde ebenso unbegreiflich für uns. Auch ein Tier ohne Kopf, ohne Vorn, ohne Hinten, mit Saugfüßchen an den gleichgestalteten Armen, die viel beweglicher sind, als man annehmen mag. Immer nach demselben Prinzip geformt: ein Mittelpunkt und strahlig weg die Arme. Aber jede Art dennoch anders in der äußeren Form, in der Farbe und auch in den Details der Lebensweise. Wenn man Geduld und Glück hat, kann man hier beobachten, wie ein Seestern eine Muschel überwältigt. Doch ist es kein szenenreiches Geschehen. Er kriecht über die Muschel und verharrt eine Weile in der gleichen Stellung. Wenn er weiterkriecht, ist die Muschelschale leer. Deshalb nennt man den Seestern ein Raubtier.

Eine Unzahl von Muschelschalen und gewundenen Schneckenhäusern spült die Flut im Laufe der Jahre an den Strand. Sie trocknen und dörren an der Sonne, doch das meiste holt die Flut wieder ein, rollt und schiebt es neuerlich herbei, und von Mal zu Mal schleifen sich die Formen mehr ab, wenn nicht harter Aufprall alles in Stücke bricht. Der Glanz wird matt, die Farben, die das lebendige Tier dem Gehäuse mitgab, verschwinden. Schließlich sind die Muschelschalen, die dennoch ganz geblieben sind, einheitlich kalkweiß geworden, und nur die Grundform ist übriggeblieben, die bei allen mehr oder weniger die gleiche ist. Die merkwürdigsten Muschelschalen dieser Art fanden wir im Sand eines Strandstückes, das die Einheimischen Praia sununga nennen. Praia bedeutet Strand, und wer diesen Küstenabschnitt kennt, weiß sofort, was das Wort sununga ausdrücken soll, auch ohne die Sprache zu verstehen.

Das Tosen der Brandung vernimmt man bereits, wenn man den Gürtel aus Buschwerk, aus niedrigen Palmen und Bäumen und stacheligen Agaven durchdringt, der dort den Ausblick auf das Meer versperrt. Plötzlich steht man über einem Inferno aus brüllendem, donnerndem, steil an Felsen aufspringendem Wasser, aus Brodeln und Kochen, aus Spritzen und fliegendem Schaum. Gischtende Wellen stoßen herauf, stürzen wieder zurück, und andere folgen. Der Sandstrand vor unseren Füßen ist steil wie eine Trichterwand, die tief hinunterzielt gegen das tosende Donnern und Kochen. An beiden Seiten begrenzen ihn Wände aus Fels, glattpoliert und dunkel von Nässe, unten riesige Blöcke, noch nicht lange herausgerissen und gestürzt, sonst hätten sie längst keine scharfen Kanten mehr. Gigantische runde Felsbuckel dazwischen, über die ansteigende Fluten brausen. Noch liegen die Muschelbänke unten frei, bespickt mit dunkelbraunen, spitzstehenden Muschelherden. Dunkle Höhlen sieht man, viele von schwarzstacheligen Seeigeln besetzt. Dicht nebeneinander hocken sie, unzugänglich, auf einem gefährlichen Platz. Jede leere Höhle zeigt einen Seeigeltod an. Ab und zu gibt zurückweichendes Wasser einen kurzen Augenblick Flecken braungrünen Tanges frei und braunviolette, rote Algenflächen am Fels, doch sofort kocht das Wasser wieder darüber, klettert, fingert die Gischt herauf und hinein. Stellenweise ist ein umbrauster, umdonnerter Block so dicht von den Mondkratern der Seepocken besetzt, daß kaum Gestein dazwischen zu sehen ist. Weiter oben huschen Krabben. Man sieht mehr die Bewegung als die einzelnen Tiere. Seeasseln flitzen in Scharen.

Die Flut drängt unablässig herauf. Wir sehen, wie hoch der normale Wasserstand ist, bis dorthin ist die steile, feinsandige Wand geglättet und hart. Daran schließt eine schmale Zone mit lockerem Sand an, bis knapp an das Buschwerk herauf. Doch ein Streifen aus verfilztem Tang und Schalensplittern zeigt an, daß hohe Fluten bis zu den Palmen, Büschen und Agaven vordringen können.

Kurz wird die Sonne von Wolken bedeckt. Das Bild wird düsterer. Die Felsen sind schwarz. Weiß fliegt Gischt herauf. Das Brüllen der Flut scheint zuzunehmen. Das Wasser reißt in gläsernen Wirbeln zurück, nachdrängende Massen stürzen brausend hinein. Vorsichtig waten wir ein Stück durch den lockeren Sand, hier ist die Neigung auch weniger steil. Mehlfeiner Sand. Ein paar weiße, runde Scherben. Ich bücke mich danach. Nicht viele, ab und zu ein paar. Ich halte sie unschlüssig in der Hand. Kalkweiß sind sie, nahezu rund und wie Geldstücke schwer. Dann begreife ich: Muschelschalen der Praia sununga!

Kürzlich erst an einen Strand gespülte Schalen sind machmal noch zusammenhängend, mitunter auch noch zugeklappt. Das Schloß, das beide Schalenhälften verbindet, ist intakt geblieben. An solchen Muschelschalen kann man sehen, daß der Rand an dieser Stelle besonders ausgebildet ist, mit Erhöhungen und Vertiefungen, die, wenn man die Hälften aneinanderdrückt, ineinandergreifen. Auch die anderen Schalenränder schließen fugenlos. Das lebende Tier zieht sie mit Hilfe von kräftigen Schließmuskeln – manche Arten nur durch einen einzigen solchen Muskelstrang – zusammen. Die Eindrücke dieser Schließmuskeln sind innen an den Schalen, seitlich unterhalb des

Schlosses und am gegenüberliegenden Rand zu sehen oder sicher zu spüren, wenn man mit dem Finger über diese Stellen fährt. Die gesamte Innenseite der Muschelschalen ist glatt, häufig schimmert sie perlmutterartig. Beim lebenden Tier liegt hier der Mantel an, gewissermaßen die innere Hülle des Tieres. Er besteht aus zwei Lappen, wie die Schale aus zwei Hälften, seine Drüsen sondern nach außen Sekrete ab, aus denen sich die harten Muschelschalen bilden. Und im Innern, geschützt durch Schalen und Mantel, lebt das Muscheltier, mit Mund, Magen und Darm, Nieren und Herz, Keimdrüsen und einem seltsamen Fuß; doch ohne Kopf. Eine recht eigenartige, für uns unbegreifliche Existenz.

Wenn wir sandigen Meeresgrund vorsichtig absuchen, kommen wir sicher auch lebendigen Muscheln auf die Spur. Sie sind vollständig eingegraben, doch die Öffnungen eines Doppelrohres verraten sie, des Atemwasser- und Auswurfrohres. Durch Wimperhärchen wird das Wasser hineingestrudelt, streicht an den Kiemen entlang, wo es Sauerstoff abgibt, und lädt auch Plankton ab, die Nahrung der Muscheln. Schließlich strömt es wieder durch das Auswurfsloch ab. Unentwegt arbeiten die zahllosen Wimperhärchen, saugen Wasser an und stoßen es wieder aus, viele Liter pro Tag.

Wir graben eine Muschel aus dem Sand. Sie schließt die Schalen, und eine Weile geschieht nichts. Doch wenn sie ungestört bleibt, öffnen sich die Schalen ein wenig, die Mantelränder erscheinen, dann die Spitze ihres Fußes, die eher einer Zungenspitze gleicht. Der Fuß drängt immer weiter vor, gräbt sich in den Sand hinein, die Muschel richtet die Schalen auf und beginnt, eine Furche hinter sich zurücklassend, fortzukriechen. Oder sie bohrt sich ein in den Sand, bis nur mehr die Öffnungen des Doppelrohres dem Aufmerksamen ihre Anwesenheit verraten.

Manche Muscheln sind nur in der Jugend als Larven beweglich. Dann setzen sie sich für die Zeit ihres Lebens fest, wie die Austern oder die dunklen Miesmuscheln an den Roten Felsen und an den Blöcken der Praia sununga. Doch neben dieser seßhaften gibt es auch Muschelarten, die bei Gefahr davonschwimmen können. Dazu klappen sie die Schalen rasch auf und zu und erreichen damit eine recht schnelle, wenn auch etwas torkelnde Art der Fortbewegung.

Zuletzt liegen die Schalen auf dem Sand, die Innenseiten schimmern noch, und man kann die Eindrücke sehen, die das lebendige Tier hinterlassen hat. Die kleinen Dellen der Schließmuskeln und die größere Delle der Mantelbucht. Und außen an diesen Schalen zeichnen sich Rillen und verschiedengetönte Farbbänder ab, mit ihrem Verlauf am Schalenwirbel beginnend und weiter konzentrisch gruppiert. Bei jeder der vielen unterschiedlichen Muschelschalen wiederholt sich diese oben beginnende Anordnung; sie kennzeichnet die Bauetappen der Schale. Die Partie um den Schalenwirbel markiert immer noch die einstige Kleinheit der Muschel, und die daran schließenden Rillen zeigen, wie sie Stück um Stück weiterwuchs, innen das Tier, außen dem Rand nach entsprechend die Schale. Manchmal ein deutlicher Absatz im sonst harmonischen Verlauf: Störungen, überwundene Krisen, dann erreicht die Form wieder das gewohnte Gleichmaß.

Manchmal herrscht an einem Küstenstrich eine Muschelart vor. Man findet fast nur Schalen derselben Form, kleinere von jüngeren, seltener große von älteren Tieren. Andere Abschnitte wieder zeigen ein reiches Sortiment: weiße und graue bauchig gewölbte Herzmuscheln mit starken, strahligen Rippen und Kleine Herzmuscheln, gelblich oder zierlich braungebändert; verschiedene Trogmuscheln, dünnschalige bläulich-weiße, rötlich gezeichnete und weiße dickschalige. Mitunter findet man Kamm-Muschelschalen, gleichmäßig gewölbte gelbliche, graue, auch bräunlich gebänderte. Sie sind strahlig gerippt und am Schloß beidseitig mit ohrförmigen Fortsätzen versehen. Kamm-Muscheln gehören zu den schwimmenden Arten. Es gibt Muschelschalen, die, wenn sie die Innenseite nach oben kehren, wie altrosafarbene Blütenblätter auf dem Sand liegen. Zu den schönsten aber zählen jene, die im Volksmund Engelsflügel heißen. Sie sind zerbrechlich zart, dennoch kommt es vor, daß die Flut solche unversehrt an Land bringt. Sie sind reinweiß, sanft gerundet und wie Flügel gewölbt. Vom Schalenwirbel ausgehend ziehen zarte Dornenreihen gegen den Außenrand der Schale, die gefalteten Federn der Schwingen nachzeichnend.

Ein Tier, merkwürdig, ohne Kopf und ohne faßbare Gestalt. Doch die Schale, das einzige, das noch eine Weile übrigbleibt von ihm, ist eigenartig und erregt unsere Bewunderung. Wir halten sie staunend in der Hand, den Spuren nachgehend, die darauf eingezeichnet sind, und irgendwann, oft lange nachdem wir sie vom Sand aufgelesen haben, kommt sie uns wieder vor die Augen und erinnert uns aufs neue an die Gestaltungskraft, die allem Lebendigen innewohnt.

Seltener als Muschelschalen finden wir Schneckenhäuser am Strand. Manchmal sind es nur Bruchstücke großer Schalen, die von einem für uns unsichtbaren Leben im Meer zeugen, mitunter liegt ein kleines Gehäuse auf dem Sand, und wenn man es aufhebt, wundert man sich über sein Gewicht. Die Häuser unserer Weinbergschnecken sind wesentlich leichter als sie. Das ist verständlich, wenn man bedenkt, daß die Landschnecke ihr Gehäuse selbst zu tragen hat; der Meeresschnecke hilft das Wasser dabei. Wir kennen schon die Napfschnecke, die unterm einfachen Kegelgehäuse am Felsen klebt, nun finden wir gewundene, langgezogene Gehäuse, andere, die mit Zacken und Dornen besetzt sind, und schmale, langgestreckte, die wenig gewunden, dafür an der Außenfläche glänzend und bunt gebändert sind. Fischer holen mit ihren Netzen nicht selten große Schnecken aus dem Meer, deren Gehäuseformen von vollkommener Schönheit sind, makellos geschraubt, die Ränder weit gewellt, als hätte sich ihnen der weiche Gang des Tieres und der Wellenschlag des Wassers, in dem sie lebten, mitgeteilt. Andere große, die uns durch die Flut nur als Scherben erreichen, sind von zerbrechlicher Schönheit, durchscheinend und durch den Rhythmus des Wachstums regelmäßig gerillt. In den letzten Tagen auf der Base Norte fanden wir in einer ganz bestimmten Bucht zentimeterkleine Schneckenhäuser von sehr einfacher Form, doch ihre Zeichnung und Färbung erinnerte mich an kunstvoll bemalte winzige Ostereier. Man muß sie durch die Lupe betrachten, um alle Einzelheiten zu sehen. Sie sind wie mit Pinsel und schwarzer Tusche gezeichnet: Über elfenbeinfarbenem Grund dicht an dicht wellige, zarte Tuschestriche, ab und zu kleine Dreiecke ausgespart und kräftig umrandet, und alles weist trotz seiner Gleichförmigkeit die kleinen Unregelmäßigkeiten von echter Handarbeit auf. Bei anderen herrscht ein Grauton vor, der dadurch erreicht wurde, daß die Wellenlinien etwas weiter auseinanderrükken und die ausgesparten Dreiecke größer gehalten sind. Etliche legen in das beschriebene Muster glatte, goldockerfarbene Spiralen ein. Manche haben auf zartbeigem Schalengrund das Symbol für fliegende Vögel aufgemalt, zwei im spitzen Winkel zusammentreffende Striche, und das sieht aus, als flögen über den Himmel der Schneckenschale Scharen schwarzer Vögel. Aufgelöste Wolkenfelder sind da und dort durch querlaufende zarte Striche angedeutet. Fast jedes Gehäuse sieht ein wenig anders aus, als hätte der Künstler, der sie bemalt hat, seiner Phantasie keine Zügel anlegen wollen. Immer wieder werden wir beim Betrachten dessen, was uns die Flut an den Strand spült, an das Werk eines Künstlers erinnert, obwohl uns ja bewußt ist, daß keiner Muschelschalen färbt, Schneckenhäuser formt und Seeigelpanzer entwirft, daß alles, wie man landläufig sagt, von selbst wird, indem es sich nach bestehender Ordnung formt und weiterentwickelt.

Auch das Schneckenhaus wird, wie die Muschelschale, vom Tier allmählich aufgebaut. Klein beginnt beides, und in dem Maße, wie das Tier im Gehäuse größer wird, setzt es Stück um Stück am Schalenrand an. Dieses Wachsen wird von der Wachstumsweise der Art geregelt, der die Schnecke angehört, von der Form und Sekretionsweise ihres Mantelsaumes, denn auch bei den Meeresschnecken bildet letztlich der Mantelrand das Gehäuse, wenn auch zahlreiche, über den gesamten Mantel verteilte Drüsen maßgeblich beteiligt sind. Doch der Mantelrand scheidet nicht nur Kalk ab und baut das Gehäuse auf, er kann auch gegebenenfalls Kalk wieder auflösen und wegnehmen. So werden zum Beispiel jene Gewindeteile, die im Laufe des Wachsens der gewundenen Schale nach innen rücken, «verdünnt», während die Außenschichten immer entsprechend dick gehalten werden.

Allgemein ist uns die Gestalt der Schnecke selbst vertrauter als jene von Seeigel, Seestern und Muschel. Sie wandert langsam mit ihrem breiten Fuß, besitzt einen Kopf mit gestielten Augen, eine Raspelzunge, mit der sie Pflanzen weidet, und wenn sie im Wasser lebt, atmet sie durch Kiemen. Schnecken sind im Meer weit verbreitet, sie sind so vielfältig wie ihr großer Lebensbereich. Nicht verwunderlich, daß manche Art von der breiten Linie abweicht. Es gibt Riesenschnecken mit halbmeterlangen, schweren Schalen, die sich rasch durch das Wasser bewegen können und Jagd auf Seeigel und Muscheln machen. Kegelschnecken haben Giftzähne. Die Purpurschnecke scheidet einen Saft aus, der im Altertum zum Färben von Stoffen verwendet wurde. Es gibt Meeresschnecken, die nur einen Schalenrest auf sich tragen, und andere, die schalenlos sind und dafür leuchtendbunte Fortsätze oder zierlich gestaltete Ästchen besitzen, zu denen ihre Kiemen umgestaltet worden sind.

Und es gibt Schneckenhäuser, die auf langen Beinen vor uns über den Sand wandern. Doch bei ihnen stammt nur das Haus von der Schnecke, das Tier selbst ist offensichtlich ein Krebs. Doch was sucht, fragt man sich mit Recht, ein Krebs in einem Schneckenhaus? Die Antwort auf die Frage gibt der Krebs uns selbst, wenn man ihn vorsichtig aus seinem Haus holt. Er sucht Schutz im Schneckenhaus, denn sein Hinterkörper ist weich und sehr verletzlich. Es sieht aus, als sei das Tier, das nun ohne sein geborgtes Gehäuse vor uns auf dem Sande liegt, aus zwei unterschiedlichen Wesen zusammengefügt, aus einem wehrhaften Krebs mit tüchtigen Scheren und einem unfertigen, merkwürdigen Tier. Und sobald wir ihm Gelegenheit bieten, bezieht der Einsiedlerkrebs sein Haus und wandert davon.

Diese ungewöhnliche Art, sein Leben zu fristen, beginnt beim Einsiedlerkrebs schon sehr früh. Doch ist anfangs das Gehäuse, das er sich auswählt, entsprechend klein, wenn auch groß genug, um ein wenig hineinwachsen zu können. Eines Tages ist es ihm dennoch zu knapp, dann sucht er sich ein größeres und zieht um. So geht das etappenweise. Das Krebschen wächst, und das ausgewählte Schneckenhaus ist von einem Umzug zum anderen größer. Was gab einst den Anstoß, daß eine Gruppe der vielen, im und am Meer lebenden Krebse sich einer solchen ungewöhnlichen Lebensweise zuwandte?

Manche Strandbewohner leben so zurückgezogen, daß man von ihnen meist nicht mehr als ein Loch im Sand und ein feines, unregelmäßiges Muster aus zierlichen Krakelspuren zu sehen bekommt. Und wer an dieser Haustür nicht vollkommen ruhig warten kann, bekommt auch weiterhin nichts zu sehen. Am besten, man setzt sich ganz still in den Sand und wartet ein Weilchen. Dann schiebt sich die Krabbe sehr sachte und vorsichtig aus ihrem Loch. Sie ist unauffällig gefärbt, sandfarben, wie die Welt, in der sie lebt, man übersähe sie, hätte man sie nicht erwartet. Ihre großen, dunklen Augen sitzen auf Stielen, die sie steil aufgerichtet hält, auf diese Weise ist sie im wahrsten Sinne sehr umsichtig. Neben den gestielten Augen sind Vertiefungen im Panzer, der ihren Körper deckt. Manchmal klappt sie ein Auge seitwärts hinein, und das sieht aus, als blinzle sie. Langsam schreitet sie weg vom Loch, ein neues Krakelband in den Sand zeichnend, läuft hochbeinig einen Bogen, immer seitwärts, nicht geradeaus, weiter, nach Krabbenmanier. Sie putzt die Scheren, läuft wieder ein Stück. Dann bewege ich mich. Die Krabbe erschrickt und rennt weg, daß die acht langen, beborsteten Beine wirbeln. Ich stehe zu nahe am Loch, also flieht sie ins Meer, taucht unter und ist verschwunden. Doch lange hält sie es im Wasser nicht aus, denn im Grunde ist sie doch ein Landtier.

Anders verhält es sich mit der Krabbe Sirí, die zu den Schwimmkrabben zählt. Das sieht man ihr an, denn die Endglieder des letzten Beinpaares sind ruderartig verbreitert. Doch kann man sie kaum in Muße betrachten. Durch das klare Wasser hindurch kann man sie gut in ihrem Versteck ausmachen. Vorsichtig schleicht man sich an – violettblau und hellgelb schießt sie heraus, mit gebreiteten Armen ins Tiefe weg. Durchsichtig wie Luft ist das Wasser heute. Man sieht den ockerfarbenen Sand, kleine Steine, Quarzstückchen, auch Muschelschalen. Wieder saust eine Sirí vorbei, wie ein farbig aufblitzender Fisch, der das Weite sucht. Die nächste überlisten wir, doch beim Zugreifen bohren sich die seitlich sitzenden Stacheln ihres Rückenpanzers schmerzhaft in die Haut, so entwischt sie uns wieder. Endlich fangen wir eine und setzen sie in ein mit Meerwasser gefülltes Glas. Zum Beobachten wollen wir sie in eine Felsmulde bringen, in der sich auch bei Ebbe Wasser hält. Wir wandern noch ein Stück weiter, sehen einer Garnele zu, einem Tier wie aus Wasser und Glas gebaut. Man sieht es pulsen in ihr, unter der zarten Hülle, die von Schattenpünktchen überrieselt ist. Nur die langen, dünnen Fäden der Fühler sind rot. Noch nie ließ sich eine Garnele so nahe betrachten von uns. Zuletzt wühlt sie sich ein in den Sand, nur der sandfarbene Kopf sieht heraus, mit den kugeligen Augen und mit der «Nase». Wir wenden uns wieder heimwärts.

Als wir das Fangglas öffnen, um die Sirí in den kleinen Tümpel zu setzen, schwimmt nicht eine Krabbe, schwimmen zwei im Glas! Wir trauen unseren Augen nicht. Wir haben doch nur eine gefangen! Wo kam die zweite her? Merkwürdig, die eine bewegt sich nicht mehr, auch die andere ist ungewöhnlich lahm. Was ist geschehen? Wir wissen es nicht. Schließlich setzen wir beide vorsichtig aus. Und das Rätsel beginnt sich zu lösen. Die lahme versucht sich sofort zu verstecken, nicht so schnell wie sonst eine Sirí, doch scheint ihr nichts zu fehlen. Die bewegungslose schwimmt oben und rührt sich nicht. Und nun wird es uns klar: Es ist gar keine Krabbe, es ist nur ein leerer Krabbenpanzer! Komplett, mit Beinen und allem, doch leer. Während die gefangene Sirí im Fangglas war, hatte sie sich gehäutet. Darum ließ sie sich auch viel leichter fangen als jede bisher. – Es ist etwas ganz und gar anderes, wenn man vom Hörensagen weiß oder gelesen hat, daß sich Krebse von Zeit zu Zeit häuten müssen, oder wenn man es selbst gesehen hat. Stück für Stück ist die neugeschalte Sirí aus ihrer zu knapp gewordenen starren Hülle gekrochen, Bein für Bein aus der Hülse gestiegen! Nun hockt sie versteckt im Tümpelchen, der neue Panzer erhärtet, und in wenigen Stunden wird unsere Sirí ebenso flink das Weite suchen wie alle, die wir bisher gesehen haben.

Mit den Sandkrabben, die ihre dekorativen Krakelbänder in den Sand zeichnen, ist ein äußerst bewegliches, munteres Krabbenvölkchen nahe verwandt, die Winkerkrabben. Sie sind an warmen Küsten daheim, auch an süd- und mittelamerikanischen. Sie sind sehr scheu wie alle Krabben, daher bekommt man von ihnen zuerst nicht mehr zu Gesicht als ihre Löcher. Das Gebiet einer solchen Winkerkrabbenkolonie liegt in der Gezeitenzone und sieht aus, als hätte jemand mit großem Fleiß und einem Stock den Strand dort tätowiert. Bei

Ebbe drücken sich kleine Krabbengestalten aus diesen Löchern hervor, wenn es wieder erschütterungsfrei geworden ist. Erst sind es einzelne, im Nu sind es viele. Die größten dieser Art sind daumennagelgroß – es gibt auch wesentlich größere Arten –, und alle hier sind wie Sand gefärbt; hell wie trockener, dunkler wie nasser, gesprenkelt und marmoriert. Zur Ebbe sitzen sie vor ihren Haustüren und schaufeln mit den «Eßscheren» nahrhaften Schlick zu den Freßwerkzeugen; mit der rechten Schere, mit der linken, rechts, links, pausenlos. Die Mundwerkzeuge sortieren, Genießbares wird gefressen, das andere sabbert sich an den Rand und wird ab und zu vom Mund weggeholt. Krabben mit zwei Eßscheren sind Weibchen. Bei den Männchen ist eine davon unverhältnismäßig groß gestaltet und auffallend orangegelb gefärbt. Sie benützen diese nicht zum Heranholen von Freßbarem, mit ihr winken sie, während die andere, kleinere, Nahrung einschaufelt. Mit einer weit ausholenden Gebärde schwingen sie ihre orangefarbene, weithin sichtbare Schere im Bogen über sich. Das sieht sehr ernsthaft und wirkungsvoll aus.

Zur Paarungszeit der Winkerkrabben kommt dieser großen, bunten Schere der Männchen eine besondere Bedeutung zu: Sie führen mit ihnen Balzgesten aus, die von Art zu Art verschieden sind. Manche begleiten dieses balzende, lockende Winken mit bestimmten Sprüngen und Schritten eines Werbungstanzes, der typisch für ihre Art ist. Und nachts, wenn das Winken nicht zu sehen ist, klopfen die Männchen mit ihren großen Scheren bestimmte Signale auf den Boden, um sich den Weibchen verständlich zu machen.

Doch mit der Flut ist allem Treiben der kleinen Krabben ein Ende gesetzt. Sie kippen in ihre Löcher und sind für Stunden unter Wasser und Wellen im Boden daheim.

Manchmal, nach stürmischen Stunden, liegen Quallen am Strand. Durchsichtige Häutchen, die ein wenig Gallerte umschließen. Sie lassen nichts von der Schönheit der lebendigen Quallen ahnen. Auch der Name Qualle ist irreführend und paßt mehr zu den gestrandeten als zu den lebendigen Tieren. In Südamerika nennt man sie Agua viva, lebendiges Wasser, und das wird ihnen gerecht. Sie sind durchsichtige, schimmernde, gläserne Kuppeln, schwebende Gebilde, überrieselt vom Spiel der Regenbogenfarben, Glocken aus Wasser, in Wasser pendelnd, mit dunkelblauem, gläsernem Rand oder mit goldenen Fransen. Sie bestehen bis zu neunzig Prozent aus Wasser, und es ist im Grunde nicht vorstellbar, daß die verbleibenden zehn Prozent ein lebendiges Gebilde zu formen imstande sind. Sie sind durchsichtig und dennoch nur schwer durchschaubar. Von Schönheit gezeichnet und dennoch selten von Augen gesehen, die ihre Schönheit wahrzunehmen vermögen, wie vieles, was uns das Meer immer noch verbirgt.

Unten:
Sandstrand- und Dünenpflanzen sind von Hitze und Wind geprägt, von Salzwasserstaub und lockerem Sand, in dem sie wurzeln. Sie gehören verschiedenen, uns mitunter aus anderen Zonen geläufigen Pflanzenfamilien an.

Rechts:
Wie kleine Vulkankegel sitzen Seepocken an Felsen der Gezeitenzone. Zur Ebbezeit verschließen sie ihre Gehäuse.

Ganz unten:
Auch auf dem Inneren der Muschelschalen finden Farben und Glanz des Meeres einen Niederschlag.

18

Wie das Werk eines Künstlers mutet das Seeigelskelett an.

Manche Meeresschnecken wühlen sich in den von Wellen überspülten Sand ein. Der breite Fuß der Schnecke gräbt und drückt, und in wenigen Sekunden ist sie verschwunden.

Spiralig wächst das Gehäuse der Meeresschnecken, doch jede Art baut ihre typische Form, versetzt sie mit ganz bestimmten Farben. An manchen Gehäusen setzen sich nicht selten kleine Seepocken fest.

Eine orangerote Krabbe mit breiten, kurzen Scheren lebt in Mangrove-Zonen.

Auffallend rot gefärbte Krabben sind ebenfalls im Schlamm der Mangrove-Sümpfe an der brasilianischen Küste daheim.

Kleine, an der Oberseite graugrün oder braun gefärbte Krabben leben zwischen wasserübersprühten Felsen mancher Küsten. In die Enge getrieben öffnen auch sie drohend ihre Scherenarme.

Andere Krabben wieder weisen ganz flache Körper auf und können sich selbst in schmalen Felsspalten der Gezeitenzone verbergen.

Links:
Daumennagelgroß sind diese Winkerkrabben eines brasilianischen Küstenabschnittes. Auch sie leben in oft großen Kolonien in der Gezeitenzone.

Diese Winkerkrabbe aus Portugal ist ca. 35 mm groß. Winkerkrabben sind an warmen Küsten daheim und verdanken ihren Namen der einen großen Schere der Männchen, mit der diese winkende Gesten ausführen, während sie mit der kleinen zweiten Nahrung zu den Mundwerkzeugen schaufeln.

Flink und scheu ist auch die Sandkrabbe. Ihre dunklen Augen sitzen auf Stielen und können in seitliche Vertiefungen eingeklappt werden.

21

Die Blüte

Es ist heute eine Selbstverständlichkeit, daß Pflanzen blühen. Daß der Krokus jeden Frühling aus dem noch winterkalten Boden bricht, leuchtendbunte Blütenbecher zwischen schmale Blätter setzend. Daß um die gleiche Zeit die Weiden in silbergrauen Kätzchen blühen und die Haselbüsche ihren gelben Pollen in die Luft streuen. Daß der Apfelbaum im Garten neben Blattknospen auch rundliche Blütenknospen angesetzt hat, die eines Tages im Frühling aufzubrechen beginnen, und in kurzer Zeit ist dann der Baum von Blüten bedeckt. Unter der Hand des Gärtners werden aus Samenkörnern bunte Löwenmäulchen oder zarte Cosmeen, duftende Petunien, Tagetes, Levkojen, Verbenen, Chrysanthemen. Und eine Blumenzwiebel! Man hält sie in der Hand, ihre spröde Schale knistert unter dem leichten Druck der Finger, sie selbst aber scheint noch zu ruhen. Ein Bündel ganz bestimmter Anlagen ist sie, wohlverpackt und bis ins kleinste vorbereitet, daß sie sich zu regen beginnen kann, wenn es an der Zeit ist für sie. Selbstverständlichkeit, daß aus ihr eines Tages eine Tulpe hervorblühen wird, eine gelbe mit flammroten Spitzen, oder eine Gladiole, reinweiß, goldgelb, zinnoberrot oder lavendelblau.

Selbstverständlichkeit – vorausgesetzt, daß der Gärtner nichts versäumt, daß der Winter günstig ist, daß kein später Frost mehr einsetzt, keine Überschwemmung kommt, keine Dürre einbricht, daß kein Schädling überhandnimmt. Jede unserer Blütenpflanzen blüht mit jener Selbstverständlichkeit, Sicherheit und Bestimmtheit, mit der sich alles in der Natur vollzieht, wofür die Voraussetzungen erfüllt und Möglichkeiten geboten sind.

Nehmen wir einmal an, ein Mensch sei in einer solch unwirtlichen Gegend aufgewachsen, daß er nie Blüten gesehen hätte. Dann steht er unvermutet zum erstenmal vor einer sich öffnenden Blütenknospe. Knospen kennt er. Sie werden zu Blättern. Doch diese ist anders. Sie hängt an einem grünen Stiel und ist von einer bräunlichen, behaarten Hülle umschlossen. Er beobachtet, wie die Hülle dort, wo sie mit dem Stengel verbunden ist, platzt und Spuren eines starken Rot und ein wenig bläuliches Schwarz sichtbar werden. Schließlich löst sich die Hülle vollends vom Stengel, schiebt sich vor und gibt immer mehr vom kräftigen Rot frei.

Die Knospenhülle fällt zu Boden, er sieht nun ein rotes, am Stengel bläulichschwarzes Gebilde aus gefaltetem, zerknittertem, glänzendem Stoff. Und der abwärts gebogene Stengel, der dieses wunderbare, noch nie gesehene Gebilde trägt, beginnt sich von selbst aufzurichten. Die gefaltete Seide streckt sich, sie wächst, sie entfaltet sich zu Blättern, die sich breiten, geordnet um einen gemeinsamen Mittelpunkt. Allmählich schlagen sie sich zurück, eine Schale bildend. Auf ihrem Grund liegt inmitten eines blauschwarzen Kreuzes mit weißen Spitzen ein gelber Kranz um ein zartes, wachsgelbes Gebilde.

Ein Wunder für ihn.

Kein Wunder für uns mehr. Zu Millionen blüht ein Unkraut: roter Mohn.

Heute morgen lag noch Tau auf den Gräsern, als wir hinaufstiegen zum Türkenbund. Über Nacht hat er sich verändert. Die unterste Knospe öffnet sich. Gestern war sie noch geschlossen gewesen, eine große, längliche Knospe, die an einem purpurnen Blütenstiel hing. Sie war stark gefurcht, und weißer Flaum saß über ihrer Zyklamenfarbe wie ein schützender Pelz. Nun beginnt sie sich zu entfalten. Die Spitzen ihrer sechs Blütenblätter haben sich schon voneinander gelöst. Ich kann sehen, daß jedes von ihnen Anstalten macht, sich nach außen zu wölben. Unmerklich langsam, pflanzenhaft, vollziehen sich die Bewegungen.

Viele Vorgänge, die sich in Knospen abspielen, sind durchschaubar für uns. Dennoch sind sie nicht weniger wunderbar. Wir bemühen uns, einzudringen in die Geschehnisse der Natur, wir wollen erfahren, erkennen, wissen; dadurch wird nichts entwertet vor unserem Blick. Wir lernen Zusammenhänge sehen, erkennen den Anstoß und die Auswirkung, erfahren Begrenzung und forschen weiter.

Die Knospe über den Türkenbundblüten entfaltet sich fast unmerklich, doch stetig. Von dem Augenblick an, da sie reif zum Erblühen war, änderte sich die Art ihres Wachsens. Das geschah heute nacht. Auch als Knospe wuchsen ihre Blütenblätter. Drüben steht noch ein Türkenbundstengel mit Knospen, die erst halb so groß sind wie die beiden vor mir. Sie müssen sich erst noch strecken. Dabei wachsen die äußeren Seiten ihrer Blütenblätter stärker als die inneren, so bleibt die Knospe geschlossen. In der Türkenbundknospe vor mir stellte sich das Wachstum der dunkelzyklamenfarbenen Blütenblätter schon um. Ihre glatten, seidigen Innenflächen strecken sich mehr als die äußeren, weißbeflaumten, die Knospe hat sich an der Spitze geöffnet, sie schlägt ihre Blätter nach außen.

Doch die Knospe vor meinen Augen ist noch lange nicht erblüht. Nur geöffnet hat sie sich etwas mehr in ihrem zögernden Tempo. Innen sind die Blütenblätter seidenzart. Ich kann sehen, wie ihre Glätte im frühen Sonnenlicht glänzt. Sie beginnen sich schon nach oben zu schlagen, dabei geben sie frei, was die Knospe umschließt: Staubgefäße und Griffel mit Narbe, den Sinn jeder Blüte. Sie ruhen noch aneinandergelegt, glänzend und purpurrot.

Am Mittag haben sich drei Blütenblätter nach außen gewölbt und nach oben geschlagen, so daß sie mit ihren Spitzen beinahe den Blütenstengel berühren. Die übrigen drei, die zwischen ihnen stehen, weisen erst aufwärtsstrebend nach oben. Doch in welchem Stadium sich die aufblühende Blüte auch befinden mag, nie wirkt sie unharmonisch unfertig, stets ausgeglichen schön.

Milliarden Blüten öffnen sich Tag für Tag. Zahllose Bäume, Sträucher blühen, und das heißt, daß etwas in Erscheinung tritt, worauf im Grunde nichts von außen her schließen läßt. Wer noch nie einen blühenden Rosenstock gesehen hat, käme gewiß nicht auf den Einfall, dieser holzige, dornengespickte, sparrige Strauch könnte die Schönheit duftender Rosenblüten erzeugen. Und sieht man etwa einem Kaktus seine herrlichen Blüten an, dem Kirschbaum seine Blütenpracht, der Hauswurz die Blütensterne, der unscheinbaren Windenpflanze die bunten Blumentrichter? Dennoch sagt jede Blüte Wesentliches über die Pflanze aus.

Jede Pflanze folgt einem bestimmten Gestaltungsplan, einer Eigengesetzlichkeit. Dies drückt sich naturgemäß in allen Bereichen ihres Lebens aus, in ihren Zellbezirken ebenso wie im äußeren Bild und in ihrem Verhalten. Dieser Gestaltungsplan wird jedoch dort am offensichtlichsten durchscheinen können, wo viele Ausdrucksmittel verfügbar sind: in der Blüte. An den Blüten erkennen wir auch die Verwandtschaft der Pflanzen; gleicher Gestaltungsplan zeigt Verwandtschaft an. Mögen manche auch im Alltagskleid ihrer Wurzeln, Knollen und Zwiebeln, Stengel und Stämme, Blätter, Ranken, Dornen und Stacheln ein Inkognito bewahren, an ihren Blüten erkennt man sie doch. Bekannt für eine solche Vielfalt im Erscheinungsbild sind zum Beispiel die Wolfsmilchgewächse, zu denen dornige Büsche zählen, Bäume und Sträucher mit holzigen Stämmen, Stauden mit nadelförmigen Blättern und blattlose, kaktusartige Säulen und Kugeln. Aber alle blühen in den charakteristischen Blüten der Wolfsmilchgewächse, wenn sie auch jede Art etwas abgewandelt hat.

Jede Blüte ist das Fortpflanzungsorgan der Pflanze. Durch sie reicht sie ihre Art an die Zukunft weiter. Bei den meisten bekannten Blütenpflanzen sind Narbe und Staubgefäße, die Ei- und Samenzellen enthalten, in derselben Blüte angelegt; verschiedene Einrichtungen verhindern meist Selbstbestäubung. Seltener finden wir heute Blüten, die entweder nur die Staubgefäße oder nur die Narbe enthalten. Dann weist entweder ein und derselbe Strauch beide Blütentypen auf – wie die Hasel –, oder eine Pflanze trägt nur weibliche, eine andere derselben Art nur männliche Blüten. Einesteils ist die Blüte Funktion, abgestimmt auf den Zweck, zum anderen Schönheit, minuziöse Ausformung, Farbe und Duft. Und daneben zeigen sich funktionslose Merkmale, die hinausweisen über das erkennbare Ziel, über die Nützlichkeit im Dienste der Arterhaltung. Nicht nur bei Blüten. Immer wieder in der Natur treten uns in den Erscheinungsformen Gestaltelemente entgegen, deren Ursachen wir nicht erkennen können.

23

Blüten und Blumen haben in unserer Welt einen so festen Platz, daß es uns schwerfällt, uns eine blütenlose Erde vorzustellen. Doch versuchen wir es. Denn alles, was heute auf Erden lebt – auch die Blüte –, ist durch Jahrmillionen geworden, und je mehr wir über das Werden wissen, desto besser können wir das Gewordene verstehen und desto tiefer wird unser Staunen über die Fülle der Formen und Beziehungen.

Die ersten Pflanzen entstanden im Meer; es waren vor allem Algen. Als dann Pflanzen Gestein zu überwachsen begannen – einförmige «Nacktpflanzen» setzten sich als erste an Rändern von Gewässern fest –, war die Erde bereits Millionen Jahre alt.

Frühe Landformen waren niedrig im Wuchs. Allmählich erst entwickelten einige kräftiges Stützwerk, bildeten Leitgewebe aus, das Wasser und Nährstoffe von den Wurzeln hochführt. So entstand die Baumgestalt, wenn zunächst auch nach einem anderen Prinzip als dem uns heute geläufigen. Die üppigen Formen des Steinkohlenwaldes wuchsen auf. Bärlappbäume bis vierzig Meter hoch und fünf Meter dick, Siegelbäume mit seltsam genarbten Stämmen und meterlangen einfachen Blättern, die sie in Schöpfen obenauf trugen, Schuppenbäume, schachtelhalmähnliche, mit Stämmen so hoch wie Mastbäume. Doch diese Bäume blühten nicht. Sie trugen an den hohen Stämmen wohl «Knospen», die tannenzapfengroß über sumpfigem, schwülfeuchtem Boden schwankten, doch diese entfalteten sich nicht zu Blüten. Nach demselben Grundentwurf leben heute noch unsere Schachtelhalme, verfeinerte Nachkommen der Riesenahnen. Ihre «Knospen» schütten kleine Kugeln aus, die am feuchten Boden zu merkwürdigen «Pflänzchen» werden – den Prothallien oder Vorkeimen –, und erst diesen entsprießen männliche und weibliche Zellen. Der Vorgang beschreibt eine Schleife, erst der Vorkeim spielt Blüte mit Pollen und Eizelle. Und jener Pollen schwimmt im Nassen selbst seinem Ziele zu. Zuletzt entwickelt sich aus einer solcherart bestäubten Eizelle die neue Schachtelhalmpflanze.

Die blütenlosen Wälder verschwanden, mit ihnen Saurier und Urinsekten. Doch der Faden der Entwicklung riß nicht ab, er knüpfte nur anderswo an. Die Zeit der ersten Samenpflanzen, der «Nacktsamer», stieg herauf, der Palmfarne, der Ginkgogewächse und Nadelbäume, und allmählich erschienen dann Formen, die unseren heutigen Araukarien ähneln, den Schirmtannen, Kiefern und Fichten. Und wie aus der Zeit der Steinkohlenwälder unsere altertümlichen Gewächse Schachtelhalm, Farne und Moose sich bis heute erhalten haben, indem sie sich ihrem Gestaltungsplan nach weiterentwickelten und zurückzogen auf jene Stellen der Erde, die ihnen immer noch Möglichkeiten zum Leben gewähren, so sind Sippen der ersten Samenpflanzen aus dem Erdmittelalter in unseren Nadelbäumen bis in unsere Zeit weitergedrungen. Daß Nadelbäume in ihrer Art uralte Gewächse sind, schon früh abgezweigt aus dem großen Fluß der Pflanzenentwicklung, das mag uns am ehesten im ungeordneten Fichtenwald unserer Berge ins Bewußtsein dringen. Er ist sehr still, feucht. Moose decken seinen Boden mit ihrem getönten Grün, Farne breiten die Wedel. Es riecht nach Moder und Pilzen. Wir schauen ins Fichtengezweig hinauf und sehen, daß die Sonne über ihm scheint, leuchtend und heiß. Im Fichtenwald ist es kühl. Man kann die eigenen Schritte nicht hören, weil man über einen Teppich geht. Die hohen Stämme stehen wie Säulen, wie Bärte hängen die Flechten herab, und oben schließen sich die Kronen aneinander; nur ein grünliches Licht herrscht im Fichtenwald.

Mit der Konifere hatte die Entwicklung zur Blüte einen entscheidenden Schritt getan: Sie wies die ersten echten Blüten auf. Ihr Pollen ist nicht mehr beweglich, wie es die Spermatozoiden von Schachtelhalmen und Farnen waren und sind, die im Nassen noch tierhaft zur Eizelle schwimmen. Wäre er es, es nützte ihm nichts, denn Nadelbäume geben dem Pollen nicht Gelegenheit, im Nassen davonzuschwimmen. Die Voraussetzungen haben sich grundlegend gewandelt. Sie setzen ihn ins Gezweig, an die Spitzen der Triebe, und die Eizellen plazieren sie in die weiblichen Zapfenblüten der Wipfel.

Es gibt Jahre, in denen unsere Nadelbäume ein wahrer Blührausch befällt. Dann scheinen in den Wipfeln die roten weiblichen Blütenkerzen zu glühen, und tagsüber ist die Luft vom Pollenstaub der Fichten, Kiefern und Tannen gesättigt, der in Schwaden über die Hänge zieht. Die männlichen Blüten sehen wie rote, längliche Beeren aus und sitzen in kleinen Gruppen zwischen den steifen Nadeln beisammen. Zu ihrer Reifezeit spreizen sie sich wie die Haselkätzchen und geben den gelbgrünen Pollenstaub frei. Kein Insekt wird bemüht, daß es diesen Blüten behilflich sei. Luft, Wärme und später Kühle veranlassen, was nötig ist. Sobald die Sonne genügend wärmt, entschwebt jedes Pollenkorn wie ein Luftballon den geöffneten Pollenbüchsen, denn es besitzt zwei Luftsäcke, die es hochtragen, sobald sich die Luft in ihnen erwärmt. Dann läßt der Pollen alles unter sich und zieht über die Wipfel davon. Wer an solchen Maitagen durch die Wälder und über die Hügel wandert, spürt den würzigen, herben, fast heftigen Duft. Wenn dann die Sonne am Sinken ist und die Luft abkühlt, kann er den Pollen niederschweben sehen. Wie die heiße Luft den Pollen hochtrieb, läßt die Kühle ihn wieder sinken.

Immer noch, heute wie damals, verschwenden die Nadelbäume Wolken gelbgrünen Pollens für ihre Zapfenblüten. Das meiste verweht, manches kommt ans Ziel, an die Eizellen, die in den Zapfenblüten am Grunde der Fruchtblätter ruhen. Sie liegen dort bloß und unbedeckt, nicht umhüllt vom schützenden Fruchtknoten. Nadelbäume sind noch unbedecktsamige Pflanzen oder «Nacktsamer». Auch in ihrer Form wirken Nadelbaumblüten altertümlich, streng, von einer fast herben Schönheit, noch nicht wie spielerisch ausgeformt, duftend und bunt.

Wie die Nadelbäume hat auch die zweite große Gruppe der frühen Samenpflanzen, die «Fiederblättrigen Nacktsamer», ihren Ursprung in der Zeit vor der Epoche der Steinkohlenwälder, doch sind ihre Formen heute fast ausgestorben. Nur die Palmfarne, die zur gleichen Zeit wie die Koniferen das Antlitz der Erde prägten, haben sich weitergewandelt und treten heute noch auf, wenn auch längst nicht mehr tonangebend. Sie sind mit einigen Gattungen in außereuropäischen, trockenwarmen Gegenden vertreten. Darüber hinaus nimmt man auch an, daß die bizarre afrikanische Wüstenpflanze Welwitschia ein sehr ferner Nachkomme der ersten Fiederblättrigen Nacktsamer sei.

In dieser zweiten großen Gruppe der ursprünglichsten Samenpflanzen hatte jedoch die Entwicklung der Blüte wieder vortastend Wesentliches und Neues gewonnen. Es traten Zwitterblüten auf; sie enthalten, wie unsere meisten heutigen Blüten, Ei- und Samenzellen. Auch waren sie bereits mit einer Blütenhülle umgeben, und neben der Windbestäubung leitete sich bei ihnen deutlich die Bestäubung durch Tiere ein. Damit war für den Strom der Entwicklung ein neues, sehr breites Tor aufgestoßen worden. In der Folge traten die bedecktsamigen Pflanzen – oder die «Decksamer» – ihren bis in die Gegenwart andauernden Siegeszug an. Wahrscheinlich wanderten ursprünglich die frühen bedecktsamigen Pflanzen aus dem Süden ein. Nach Norden vordringend, schleusten sie sich in den dort vorherrschenden Bewuchs von Palmfarnen, Ginkgogewächsen und Koniferen ein. Wo sie günstige Lebensbedingungen fanden, setzten sie sich fest, breiteten sich aus und entwickelten sich weiter. In der mittleren Kreidezeit spielten sie bereits wesentliche Rollen auch in jenen Gebieten. Alte Formen der bis dahin vorherrschenden Nacktsamer starben aus, andere zogen sich zurück, das Gleichgewicht verschob sich dann rasch – aus unserer fernen Sicht gesehen! – zugunsten der jungen Bedecktsamigen, die, sich dynamisch entwickelnd und verbreitend, zur prägenden, alles überspielenden Pflanzengruppe wurden.

Die Windblüte hatte sich bereits bewährt. Die Bedecktsamigen bauten sie aus und blühten nun dem Wind gezielter entgegen. Ihre Staubblüten hängen meist in Quasten an den Zweigen, sie öffnen sich zur Reifezeit, der Pollen quillt heraus, der Wind führt ihn fort, und die weiblichen Blüten besitzen vergrößerte Griffel und Narben, um möglichst viel Pollen auffangen zu können. Viele unserer heutigen Windblüter sind wieder sekundär zur Windblütigkeit umgestiegen, nachdem sie bereits insektenblütig gewesen waren! Manche dieser Pflanzenarten sind in der Gegenwart mitten in einem solchen Umbildungsprozeß begriffen, wie bestimmte Arten der Rosen-, der Nelken- und Ranunkelgewächse.

Parallel zu den Pflanzen hatten sich auch die Tiere weiterentwickelt, und hatte sich die Beziehung zwischen Pflanze und Tier ausgebaut und immer wieder neu eingependelt. Irgendwann, schon sehr früh, hatte sich das Wechselspiel zwischen Blüte und Insekt angebahnt. Insekten durchkletterten die Bezirke der Blüten und hatten dabei wohl zunächst zufällig den nahrhaften Pollen entdeckt und schätzengelernt. Es waren dies damals noch durchwegs Insekten mit beißenden Mundwerkzeugen, wie sie unsere Käfer heute noch aufweisen und man sie auch noch an einigen wenigen altertümlichen Schmetterlingsarten beobachten kann. Aus diesen ersten Anfängen ergab sich dann jene Wechselbeziehung zwischen Pflanze und Tier, insbesondere Insekt, durch die das eine das andere fördert und maßgeblich beeinflußte auf seinem weiteren Weg. Insekten wandten sich immer mehr den Blüten zu, und die Blüte dem Insekt.

Zunächst wird die Blüte das Insekt mit Pollen zu «locken» begonnen haben, der ja reichlich Fett, Kohlehydrate und Vitamine enthält, indem sie ihn im Überschuß produzierte. Viele Pflanzen gehen auch heute noch diesen Weg, wenn auch in den Blüten wesentlich differenzierter, indem sie Pollenblüten ausbilden. Sehen wir uns dahingehend die Cistrosen an, Sträucher, die den kargen Boden weiter Gebiete um das Mittelmeer bewachsen. Es gibt etwa zwanzig Arten im mediterranen Raum. Das ganze Jahr sieht man ihnen nicht an, welche Schönheit sie hervorbringen können. Eines Tages sind alle Büsche mit Blüten besteckt.

Käfer und Bienen beeilen sich sehr, zu dem Staubgefäßkranz zu kommen, der sich leuchtend, nicht zu übersehen, am Blütengrund rundet. Derb wühlen die fressenden Käfer in ihm, eifrig sammeln die Bienen und ziehen davon mit orangegelben Höschen. Den ganzen Tag trifft man in diesen Gebieten fast ausschließlich Bienen an, die mit Pollenstaub der Cistrosen beladen sind.

Gegen Abend werden die Blüten alt, ihr Duft ist matter geworden. Nachts tragen die Cistrosenbüsche wieder ihr Aschenputtelgewand nach dem Fest des langen Tages. Aber jeder Morgen wirft ihnen wieder das neue Kleid über aus Schönheit und Duft, und die Bienen kommen, auch Wespen, Fliegen und Käfer. Tag für Tag. Wochenlang. Bis an den Büschen die Samen heranzureifen beginnen.

So durchgebildet wie Cistrosenblüten waren die ersten Pollenblüten gewiß noch nicht. Doch führen wir uns vor Augen, was an der Blüte, die solcherart dem Insekt entgegenzublühen begann, an allmählicher Umstellung und Umformung nötig war. Sie «lockte» also mit Pollen, den das Insekt entdeckt hatte, indem sie ihn reichlich ausbildete und überdies mit Duft versah. Schon die primitiven Palmfarnblüten dufteten! Die Blütenhüllblätter vergrößerten sich und wurden bunt. Doch sie erhielten Farben, auf die Insekten, die kamen, auch ansprechen konnten. Wir wissen nicht, wie differenziert das Sehvermögen der frühen Insekten war. Unsere Bienen und Hummeln aber sehen beispielsweise kein Rot, dafür aber für unsere Augen unsichtbares Ultraviolett, dazu bestimmtes Gelb, Purpur und Weiß. Wir wissen auch, daß Helligkeits- und Sättigungswerte, Farbkontraste – Saftmale also – und ähnliches bei unseren heutigen Blütenbestäubern große Rollen spielen. Auch dies hat sich im Laufe der Verfeinerung der Wechselbeziehung heranentwickelt.

Auf Entfernung wirkt die Blüte vor allem optisch, Duft entfaltet seine Wirksamkeit häufig mehr im Nahbereich. Bei den durchs Gezweig kletternden Insekten genügte es zunächst, daß Pollen an sich duftete. Er fing das Insekt gewissermaßen ein und lenkte es zur Blüte. Später versetzte die Blüte ihre Blütenblätter oder ganz bestimmte Teile mit Duftstoffen, signalisierte damit allgemein oder leitete das Insekt zu Stellen, die für die Bestäubung von wesentlicher Bedeutung sind. Auf diese Weise wurde das Insekt zur Weiterentwicklung seiner Riechorgane angereizt, und die Blüte band es zugleich noch stärker an sich.

Wenn auch bei der Pollenblüte Pollen dem Insekt zur Nahrung angeboten wird, so muß doch ein Teil davon durch den Bestäuber befördert werden und an Narben anderer Blüten gelangen. Um dies zu erleichtern, erhielt der Pollen ölhaltigen Pollenkitt, und die Oberfläche der Pollenkörner wurde mit Stacheln, Zähnchen und Leisten besetzt. Und immer mehr setzte sich bei den Insektenblüten die Zwitterblüte durch, die Ei- und Samenzellen in einer Blüte enthält. Damit war die Bestäubung noch mehr gesichert.

Die Pflanze war durch das Insekt unabhängig vom Wind geworden. Dadurch konnte sie auch in Gebiete vorrücken, die ihr vorher verschlossen waren. Das mag bei der Durchdringung der riesigen Palmfarn- und Koniferenbestände durch die frühen Bedecktsamigen von ausschlaggebender Bedeutung gewesen sein. Auch war die Übertragung des Pollens durch Insekten gezielter als durch den Wind, und die Bestäubung war pollensparender geworden.

Zwanglos ging die Entwicklung der Blüte weiter. Im Laufe der Zeit begannen Blüten den Insekten Futtergewebe neben Pollen anzubieten. Dann zuckerhaltige Safttröpfchen. Vielleicht lag dieser Entwicklung ursprünglich der Bestäubungstropfen zugrunde. Heute noch werden ja zum Beispiel die Bestäuber der Welwitschia durch solche Bestäubungstropfen der Samenanlage angelockt. Angereizt durch die Blütenbesucher, bildete die Blüte allmählich den Nektar aus. Und als Folge davon veränderten sich die Mundwerkzeuge der Insekten; «Tupfer» und Saugrüssel entstanden. Ursprünglich wird dieser Nektar wohl frei als Tröpfchen auf dem Blütengrund gelegen haben, wie dies bei manchen Blüten heute auch der Fall ist. Doch für die Blüte allgemein wurde auch die Nektarerzeugung und -darbietung zum Anlaß für weitere Entwicklungen. In der Folge bildete sie «Gefäße» für den Nektar aus, Ausbuchtungen an Blütenblättern, Sporne und Röhren. Doch dadurch war ihr Nektar nicht mehr für jedermann zugänglich, nur für jene Insekten, die besondere Organe, Rüssel zum Saugen, besaßen. Die Wechselbeziehung verfeinerte sich immer mehr. Blüten spezialisierten sich auf bestimmte Insektengruppen, und Insekten paßten sich bestimmten Blütentypen an. Heute weist diese Beziehung viele Spezialisten auf, bei den Blüten wie bei den Tieren.

Wir kennen typische Käferblumen. Sie haben sich den Möglichkeiten und Manieren der Käfer angepaßt. Käfer sind allgemein derbe Blütenbesucher. Begierig nach dem Pollen, durchwühlen sie die Blume, und dabei kann es leicht sein, daß sie diese mit ihren Kauwerkzeugen und den Krallen der Tarsen beschädigen. Dem trägt die Käferblume Rechnung durch eine stabile Beschaffenheit aller Blütenteile, mit denen die sorglosen Käfer in Berührung kommen. Sie bietet vorzugsweise Pollen an, mitunter auch Futtergewebe und an der Oberfläche liegenden Nektar, den Käfer ja mit ihrer Unterlippe auflecken können. Solche Blüten locken auch nicht durch Farben. Meist sind sie unauffällig gefärbt, wie die Blüten von Hartriegel und Schneeball und manchen Umbelliferen, die auch häufig von Weichflüglern, Bock- und Blatthornkäfern besucht werden. Doch sprechen manche Käfer offenbar sehr stark auf Duft an, das bemerkt man an den Weißdornbüschen, wenn sie im Frühling in Blüte stehen. In Scharen finden sich dort zierliche Bockkäfer, «Blumenböcke», ein, die mit ihrem schmalen Kopf und Vorderkörper tief in die Blüte eindringen können. Merkwürdige Rüsselkäfer kommen, die man an ihrem «verlängerten Gesicht» leicht erkennen kann, Blatthornkäfer und auch Fliegen.

Zu den absonderlichsten von Käfern besuchten Blüten zählen die Blütenstände der Aronstabgewächse. Dazu gehört auch unser Gemeiner Aronstab, der oft in großen Mengen beisammensteht und im Frühling helle Tüten, in denen je ein aufrechter Kolben ragt, als Blüten entfaltet. Sie strömen einen für unsere Nasen unangenehmen Geruch aus, durch den sich jedoch Käfer und auch Fliegen in Scharen anlocken lassen. Man nennt solche Blütenstände Kesselfallenblüten, denn sie lassen ihre Gäste in die Kessel gleiten, zu denen sich die tütenartigen Hochblätter ausbuchten. Dort angekommen, laden Käfer und Fliegen den mitgebrachten fremden Pollen an die unten am Kolben sitzenden weiblichen Blüten ab. Erst wenn diese befruchtet sind, werden die über ihnen am Kolben sitzenden männlichen Blüten reif, und ihr Pollen fällt in den Kessel auf die Käfer hinab. Dann beginnt die Blüte zu welken, und damit wird für die Käfer und Fliegen der Ausgang nach oben frei.

Auch die Philodendren gehören in diese Pflanzenfamilie, man sieht es ihren Blüten an, die jenen unseres Aronstabes ähnlich sind. In unserem Garten in Südamerika wuchs eine riesige Pflanze der Monstera deliciosa, die den Echten Philodendren zum Verwechseln gleicht, doch besitzt sie nicht wie diese Milchsaftgefäße. Eines Tages bildete sich an einem Blattstiel eine Beule, die wuchs, doch sie platzte nicht auf. Sie wurde allmählich ein gut zwanzig Zentimeter langes, kahnförmiges Gebilde. Eines Vormittags in der Regenzeit öffnete sie sich und war bald darauf eine überdimensionierte Aronstabblüte. Das Hüllblatt hatte sich noch um einiges gestreckt, es war außen grün, innen weiß und außerordentlich dickwandig. Ein kräftiger weißer Kolben ragte aus ihm hervor. Er war von Staubblüten bedeckt, die ihn bis tief hinab wie eine einheitlich weiße Masse umgaben. Unten saßen die weiblichen Blüten, aber man sah sie nicht, denn das Hüllblatt gab zunächst nur das obere Drittel des Kolbens frei. Es war ein merkwürdiger Blütenstand.

Noch Merkwürdigeres ereignete sich am Abend dieses ersten Blütentages. Die Dämmerung senkt sich in diesen Breiten sehr rasch. Als Garten und Haus bereits in Dunkelheit lagen – der Himmel ist um diese Zeit noch leuchtendhell –, hörten wir große Insekten brummend in unseren Garten einfallen. Sie kamen aus verschiedenen Richtungen. Ab und zu klatschte etwas deutlich gegen ein weiches Hindernis, dann wurde es stiller. Wir dachten zuerst nicht an jene erste Blüte des Philodendrons im Gartenwinkel, doch wir entdeckten die Szene bald mit Hilfe einer Taschenlampe, als das Bombardement der Käfer nahezu beendet war; nur noch vereinzelte flogen. Die Blüte war zu einer überfüllten Käferherberge geworden! Dicht nebeneinander hockten rundbuckelige Käfer, dunkelkaffeebraun und glänzend. Sie krallten sich am Kolben fest, verbissen in die weiße Masse, daß man ihre blättchenförmigen Fühler – wie sie auch unsere Maikäfer zeigen – nur an denen sehen konnte, die sich einen Augenblick lang von der Kolbenmasse gelöst hatten, um sich ein Stück weit fortzubewegen. Es war eine Schlemmerei, und sie benahmen sich ausgehungert, flegelhaft und sehr erregt. Wir bemerkten auch den kräftigen Duft, den die Blüte aussandte, und der schmale Kessel, den das Hüllblatt unten bildete, strömte beachtliche Wärme aus.

Am Morgen waren die Käfer immer noch da. Manche saßen am Kolben. Wir bogen das Hüllblatt leicht auseinander: Viele hockten auf dem Grund, den sie vielleicht der Wärme wegen nachts freiwillig aufgesucht hatten, oder sie waren vom aufsteigenden Duft und von Gasen betäubt worden und abgerutscht. Einige kletterten schwerfällig an der Innenwand des Hüllblattes umher. Die meisten fraßen immer noch oder schon wieder, und etliche paarten sich. Wir zählten achtundvierzig Käfer, doch können es auch ein paar mehr gewesen sein. Den obersten Teil des Kolbens umlagerten zierliche Tiere, die man für Fliegen halten konnte. Doch es waren Wanzen. Ihre Körper waren hellbernsteingelb, sie bewegten sich lebhaft und saugten.

Der Tag wurde sehr heiß, doch das Gewitter blieb aus. Die Käfer schlemmten weiter. Sie blieben sogar noch die zweite Nacht. Im Laufe des zweiten Tages begann sich die Blüte langsam zu schließen. Als wir im Abenddämmern nach ihr sahen, hatte sie sich bis auf einen Spalt geschlossen. Durch ihn zwängte sich ab und zu ein pollenbeladener Käfer und zog brummend ab. Wir bogen das Hüllblatt auseinander. Bis auf drei waren alle Käfer fort.

Auch Osterluzeigewächse haben Kesselfallenblüten. Sie locken vor allem Fliegen und Mücken an, teils durch Geruch – Fliegenblumen «duften» häufig nach Aas –, teils durch die grünlichgelbe, bräunliche oder dunkelrote Färbung, auf die Fliegen besonders ansprechen. Wie beim Aronstab die Käfer, gleiten hier Fliegen und Mücken in die

Falle. Kleine Wachströpfchen treten aus und sorgen für glatte Oberflächen, und ein Kranz steifer Haare verhindert das Ausbrechen der Gefangenen. Erst nach zwei bis drei Tagen, wenn die Bestäubung sicher vollzogen ist, wird durch das Welken der Blüte der Weg in die Freiheit geöffnet.

Die meisten Blüten aber erreichen ihre Bestäubung auf einfachere Weise als diese Fallenblumen. Sie plazieren Pollen, Narbe und Nektar so, daß der Blütenbesucher einen bestimmten Weg einschlagen muß, um zum Nektar zu gelangen, und dabei kommt er mit Narbe und Staubgefäßen unweigerlich in Berührung. Viele Fliegenblumen sind kleinblütig, unscheinbar gefärbt und arm an Duft oder geruchlos, und der Nektar liegt offen in ihnen. Fliegen besitzen einen kurzen Rüssel, der Speichel absondert, durch den der eingedickte Nektar gelöst und aufgesaugt werden kann. Häufig sitzen am Rüsselende zangenähnliche kleine Klappen, die Pollen zerkleinern können.

Besonders vielfältig haben sich Blüten entwickelt, die von Hautflüglern – Wespen, Hummeln und Bienen – bestäubt werden. Viele wirken auf Distanz wie bunte, wie gelbe, violette oder blaue Plakate. Kommt das Insekt an, wird es oft vom ganz persönlichen Duft der Blume getroffen und eingefangen, und farbige Signale, Saftmale, geben die günstigste Stelle zum Landen an. Das Insekt muß nun nicht lange nach Nektar suchen. Blütenform und -ausgestaltung übernehmen zwanglos die Führung, und indem das Tier folgt und Nektar erhält, vollzieht es die Bestäubung. Dieser dem Insekt entgegenkommende Grundplan, der immer wieder den Eindruck erweckt, als sei er das Werk einer übergeordneten Intelligenz, zeigt sich in vielen Blütentypen auf das vielfältigste abgewandelt. So hat eine Pflanzengruppe Blüten gebildet, deren Gestalten wie Fahnen wirken, andere gleichen bunten, beweglichen Lippen. Die Landepiste wird gestrichelt, getüpfelt, durch einen Farbteppich markiert. Hebelarme, Klebescheiben, Schleudereinrichtungen, Klemmapparate treten in Aktion, um den Pollen an den Bestäuber zu bringen, der den Nektar genau dort vorfindet, wohin sein Rüssel reicht. Auf der anderen Seite hat die Entfaltung dieser Wechselbeziehungen zu hochspezialisierten Bienen mit scharfen Sinnen geführt mit dem erstaunlichen Gedächtnis und der Bienensprache. Daneben kennen wir auch «primitive» Bienenarten mit anderen Lebensgewohnheiten, verschiedene Hummeln und Wespen, und auch sie sind an bestimmte Blüten gebunden, sowie die Blüte von ihnen abhängig geworden ist. Je spezieller, je einseitiger Gestalten und Gewohnheiten sind, desto kürzer ist das Band, das Insekt und Blüte verbindet, und desto abhängiger voneinander sind beide.

Von nicht weniger erstaunlicher Vielfalt ist die Beziehung zwischen Blüte und Schmetterling. Tagfalterblumen weisen oft Röhrenform auf, und der Nektar ist tief in ihnen verborgen, nur für den tagfliegenden Falter bestimmt. Oft sind diese Blüten rot gefärbt, und sie stehen aufrecht, um dem Schmetterling günstige Landeflächen zu bieten. Disteln, Nelken, Seifenkraut und Dost zählen neben vielen anderen zu ihnen. Die Röhrenblüten der Nachtfalterblumen dagegen hängen meist, denn Nachtfalter schwirren vor ihren Blüten, wenn sie den Rüssel versenken, sie sitzen nicht wie Tagschmetterlinge. Nachtfalterblumen entfalten ihren Duft erst in der Dämmerung – wie der Phlox – oder zu bestimmten Nachtstunden, der Flugzeit ihrer Bestäuber. Ihre Blüten sind meist weißlich, hellgelb oder hellpurpurn gefärbt. Dadurch sind sie auch im ungewissen Licht für die nektarsuchenden Falter sichtbar.

Die meisten insektenblütigen Pflanzen bieten den Bestäubern Pollen, Nektar oder andere Nahrung. Doch wir kennen auch Blüten, die den Fortpflanzungstrieb im Tier ansprechen und auf diese Weise Bestäuber gewinnen. So bilden Feigen in ihren krugförmigen Blütenständen neben männlichen Blüten zwei Arten weibliche Blüten aus, nämlich lang- und kurzgriffelige. Die langgriffeligen werden durch bestimmte Gallwespen bestäubt und bilden normale Samen aus, doch die kurzgriffeligen dienen eben diesen Gallwespen zur Ablage ihrer Eier und zur Larvenaufzucht. Die Blüte bietet also dem Bestäuber Schutz und Nahrung für die Nachkommenschaft. Die Yuccamotte legt, nachdem sie die Blüten der Yucca bestäubt hat, ihre Eier in Fruchtknoten der bestäubten Blüten. Dort schlüpfen auch die Larven aus den Eiern und fressen dann vom heranreifenden Samen, von dem dennoch immer genügend für die Verbreitung der Pflanze bleibt.

Am erstaunlichsten aber ist die Wechselbeziehung zwischen den im Mittelmeergebiet ansässigen Orchideen der Gattung Ophrys und bestimmten Bienen- und Grabwespenmännchen. Die Blüten ahmen die Weibchen dieser Insekten nach und locken auf diese Weise die Männchen an. Dabei handelt es sich um «Täuschungsmanöver» ausgeklügeltster Art. Wer erstmals solche Blüten sieht, wird sofort selbst an ein Insekt erinnert, durch Größe und Form der Blütenlippen, vor allem aber durch die verblüffende insektenähnliche Behaarung. Auf das Insektenmännchen, für das sich die Blüte in Szene setzt, wirken noch andere Faktoren ein. Zuerst signalisieren Form und Farbe der wirksam vereinzelt plazierten Blüten, und der einem Metallplättchen ähnelnde «Spiegel» der

Rechts:
Früh im Jahr treibt der Schachtelhalm seine merkwürdigen bräunlichen Frühjahrstriebe. Sie sind dicht mit rundlichen Sporenblättern bestanden, an denen die sackartigen Sporenkapseln sitzen.

Blüte gleicht den zusammengefalteten Flügeln sitzender Insektenweibchen. Das anfliegende Männchen wird daraufhin mit dem speziellen Duft des Weibchens konfrontiert, den die Blüte in reichem Maße verströmt. Ist es dann gelandet, wird ihm weiter durch Strich und Art der Blütenbehaarung eine Partnerin vorgetäuscht. Nunmehr versucht es die Paarung einzuleiten; dabei wird ihm mittels einer besonderen Einrichtung geballter Blütenstaub auf den Körper geklebt, bzw. es lädt, durch die Behaarung entsprechend dirigiert, mitgebrachten Pollen an der Narbe ab. Das alles hat sich bereits abgespielt, ehe das Männchen die Täuschung bemerkt und die Blüte verläßt. Doch mit ziemlicher Sicherheit wird es wieder eine Blüte derselben Art anfliegen, denn die Weibchen, die es sucht, schlüpfen erst, wenn seine Ophrysblüten fast abgeblüht sind. So sehr hat sich nicht nur das Insektenmännchen, sondern darüber hinaus auch noch der Zyklus des Insektenpärchens auf die Pflanze eingestellt. Die Blüte selbst ist durch diese Beziehung bis ins kleinste geformt und geprägt worden.

In den Tropen haben neben den verschiedenen Insekten auch Vögel die Bestäubung bestimmter Blüten übernommen, und zwar häufiger als man annehmen mag. Die bekanntesten Blumenbesucher sind die Kolibris, kleine, in manchen Arten nur zentimetergroße Vögelchen mit buntem, häufig schillerndem Gefieder und meist langen Schnäbeln. Kolibris sind ungemein flink, und sie bringen sogar das Kunststück zuwege, nicht nur vor der Blüte rüttelnd und schwirrend in der Luft zu stehen, wobei sie den Schnabel in die Blüte einführen, sondern auch seitlich oder nach rückwärts wegzufliegen. Besonders beliebt sind bei ihnen feuerrote Bluten, wie sie zum Beispiel die Korallenbäume (Erythrinagewächse) ihrer südamerikanischen Heimat und die Prachtsalbeibüsche aufweisen, die dort übermannshoch werden. Kolibriblüten haben meist Röhren- oder schmale Glockengestalt, sie hängen oder stehen mehr oder weniger waagrecht und duften kaum. Aber sie leuchten weithin durch ihre starke Färbung.

Lange Zeit nahm man an, daß diese kleinen Vögel ausschließlich von Nektar leben, doch sind kleine Insekten ein ebenso wichtiger Bestandteil ihrer Nahrung. Wenn sie flink die Schnäbel in die Blüten versenken, nehmen sie nicht nur Nektar auf, sondern auch Insekten, die in den Blüten sitzen, um selbst Nektar zu saugen.

Neben den vielen und meist speziell in Schnabelform und -länge an bestimmte Blütentypen angepaßten Kolibris gibt es noch eine Reihe anderer Vögel, die in tropischen und subtropischen Zonen Blütenbestäuber sind. Sie haben lange, dünne Schnäbel, die Saugrohre bilden, röhrenförmige Saugzungen, auch Pinselzungen wie manche Papageien, die Nektar lecken. Und entsprechend haben sich die Blüten ihnen entgegenentwickelt. Sie sind leuchtendrot oder gelb, auch blau, denn Vögel besitzen allgemein einen sehr gut entwickelten Gesichtssinn. Verständlicherweise sind sie kräftiger gebaut als Insektenblumen, und oft stehen sie in großen Blütenständen beisammen. Sie sind schlanke Röhren oder Glocken wie die Fuchsien, die in vielen Arten in ihrer Heimat auf Bäume klettern und zu ihrer Blütezeit ganze Blumenvorhänge bilden können. Andere formen flache Becher wie die Hibiskusblüten, auch leuchtende Pinselkugeln und weithin sichtbare Fahnen.

Neben Insekten und Vögeln besuchen auch Fledermäuse gelegentlich die Bezirke der Blüten, es ist daher nicht verwunderlich, daß sich Blüten auch mit ihnen zum Zwecke der Bestäubung verbunden haben. Allerdings nur mit den Fledermausarten, die ständige Blütenbesucher sind und sich entsprechend ihrerseits den Blüten entgegenentwickelt haben, indem sich ihre Mundwerkzeuge so umbildeten, daß sie Nektar saugen können. Da Fledermäuse Nachtflieger sind und einen ausgezeichneten Orientierungs- und Geruchssinn aufweisen, sind Fledermausblumen stark duftende, weit geöffnete Nachtblüher.

Über unüberschaubare Zeiträume hinweg hat sich die Blüte zur heutigen Vielfalt entwickelt. Daneben entstand das Insekt, es entfaltete sich und wurde mit den Wegen der Blüte verbunden. Wir sagen «entstand und entwickelte sich» und umschreiben mit zwei Worten Vorgänge, von deren Lebendigkeit wir uns wahrscheinlich kaum eine Vorstellung machen können. Es wogte und schob sich in Verkettung unzähliger Einzelheiten, wich aus, umging, zog sich wieder zurück, sammelte sich neu; noch nie Dagewesenes tönte an, begann, brach wieder ab, verschwand scheinbar, um irgendwo wieder aufzutauchen, sich durchzusetzen und auszuformen, vielleicht auf einem ganz neuen Weg. Und wir stehen vor dem heutigen Ergebnis einer solchen Entwicklung, vielleicht unwissend und unberührt, und nehmen es als selbstverständlich hin. Denn es ist heute eine Selbstverständlichkeit, daß Pflanzen blühen.

Rechts:
Ältere Zweige der Lärchen tragen im Frühling rötliche, aufrechte Zapfen: weibliche Blüten. Am Grunde der rötlichen Fruchtschuppen liegen die Samenanlagen «nackt», ohne von einem Fruchknoten umhüllt zu sein. Nadelbäume zählen zu den «Nacktsamern».

Die kleinen gelben Zapfen an Lärchenzweigen sind die männlichen Blüten. Sie weisen zahlreiche Staubblätter auf, an deren Unterseiten der in Pollensäcken eingeschlossene Pollen ruht.

30

Sporenkapselhäufchen an der Unterseite eines Farnwedels.

32

Eine Mohnblüte entfaltet sich. Anfangs ist die hängende Knospe von der Knospenhülle umschlossen. Allmählich löst diese sich vom Stengel, wird von den sich dehnenden Blütenblättern nach unten geschoben und fällt schließlich ab. Nun beginnt sich der Stengel aufzurichten, hebt die Knospe hoch, und im sachten Tempo der Pflanze beginnen sich die Blütenblätter zu strecken, um letztlich eine Schale um Narbe und Staubgefäßkranz zu bilden.

Oben:
Blüteninneres einer Zinnie. Bei den Kompositen schließen sich viele Einzelblüten, die Narben und Staubgefäße enthalten, zu einem «Blumenköpfchen» zusammen.

Unten links:
Im Frühling bilden Aronstabgewächse merkwürdige Tütenblüten. Der aufrecht stehende Kolben enthält oben die männlichen, unten die weiblichen Blüten.

Unten Mitte:
Aus vielen Reihen röhrenförmiger, wachsartig wirkender Blüten setzt sich der dekorative Blütenstand einer Bananenstaude zusammen. Viele Insekten tummeln sich um diese Blüte, aber auch kleine Vögel, wie Kolibris, zählen zu den Bestäubern.

Unten rechts:
Tropisches Aronstabgewächs. Ein starker, für unsere Nasen meist unangenehmer Duft lockt Käfer und andere Insekten in den «Kessel» der Tüte, aus dem sie erst entlassen werden, wenn die Bestäubung vollzogen ist.

34

Außergewöhnlich geformt ist das Blüteninnere der Passionsblumen. Die hellen Blütenblätter und der kontrastreich gefärbte Strahlenkranz präsentieren förmlich Staubgefäße und Narben. Passionsblumen sind in unterschiedlichen, oft farbprächtig blühenden Arten über Amerika verbreitet.

Rechts:
Unsere wildwachsende Feuerlilie verdient wahrlich ihren Namen! Wie bei allen Lilien sind ihre 6 Blütenblätter in 2 Kreisen zu je 3 Blütenblättern angeordnet. Die 6 schlanken Staubfäden tragen gelenkig aufgesetzte Staubbeutel, die zunächst ihre glatte Seite nach außen kehren (rechts unten). Im Laufe des Erblühens wenden sich diese Staubbeutel, so daß schließlich die mit orangerotem Blütenstaub besetzten Innenseiten außen zu liegen kommen (rechts oben). Den Stempel krönt eine dreilappige Narbe, die reif nahezu leuchtend glänzt.

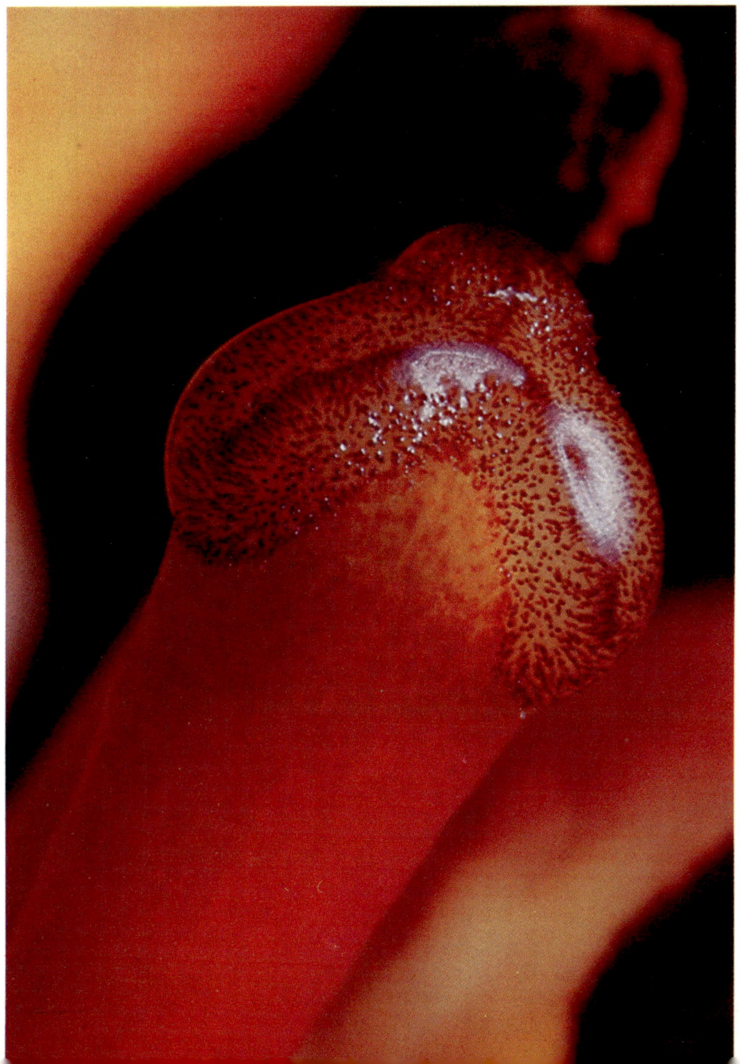

Eine außerordentliche Vielgestalt weisen die Wolfsmilchgewächse auf. Zu ihnen zählt auch unser bekannter Weihnachtsstern, der in den Tropen beheimatet ist und dort oft als Strauch die Straßenränder säumt und Anlagen schmückt. Seine dichten Blütenstände werden von hochroten Schaublättern umgeben.

Männliche und weibliche Blüten mit besonderen Nektardrüsen stehen in solchen Blütenständen beisammen.

Auch Blüten unserer europäischen Wolfsmilcharten sind eigentliche Blütenstände. Sie bestehen aus mehreren männlichen und einer weiblichen Blüte mit gestieltem Fruchtknoten, die gemeinsam von einer Hochblatthülle umgeben sind. Bei diesen Blüten tritt optisch die Blütenhülle zurück, auffallend durch Farbe und Form sind die männlichen und weiblichen Blüten selbst.

In zierlichen Glöckchen blühen die Preiselbeeren.

Von kaum beachteter Schönheit sind die Blüten der Heidelbeeren.

Auch die Blüten der Immergrünen Beerentraube sind wie aus Wachs geformt.

38

Der kleine Hohlzahn ist ein häufiges Unkraut. Seine Schönheit entdeckt man erst mit der Lupe. Die zierlichen Blüten messen etwa 8 mm. Charakteristisch sind die beiden zahnartigen hohlen Ausstülpungen an der Unterlippe, die der kleinen Blüte Ähnlichkeit mit einem Tierrachen geben und sowohl für den deutschen Namen «Hohlzahn» als auch für den wissenschaftlichen: Galeopsis, Wieselgesicht, der Anlaß waren. Mitunter stehen alle drei Formen, die purpurviolette und weiße und die hybridogene bunte, knapp nebeneinander im Getreidefeld.

Das Innere einer Odontoglossum-Orchidee. Hinter der skurril ausgeformten Lippe liegt über dem glänzenden, dottergelben Feld in einer schützenden Höhle die Narbe. Darüber wölbt sich eine Kuppel die den zu keulenförmigen Pollinien geballten Blütenstaub enthält.

40

Die Riemenzunge ist eine europäische Orchidee, die ihr Hauptverbreitungsgebiet in Südeuropa hat. Ihre ocker gefärbten, bräunlich und rötlich gezeichneten kleinen Blüten weisen lange, riemenartige Lippen auf, die in der Knospe spiralig aufgerollt sind. Während des Erblühens strecken sie sich zu langen, gewellten Bändern.

Orchideen zeichnen sich durch eine enorme Gestaltenfülle aus. Bei dieser 15 mm kleinen Cirrhopetalum-Orchidee tritt die Blütenlippe als kleines, nach vorn gewölbtes Blatt zurück, während bei der Riemenzunge eben dieser Blütenteil das Schmuckelement der Blüte ist.

Frucht und Samen

Zu Früchten haben wir allgemein eine recht einseitige Beziehung, die sich ja auch in der landläufigen Einteilung in genießbare und ungenießbare Früchte zeigt. Vielleicht entdecken wir bei Herbstspaziergängen auch einmal die unaufdringliche Schönheit der Samenperücken unserer Waldrebe, die leuchtende Pracht wilder Hagebutten, und wie dekorativ Samenstände von Disteln sind. Aber meist vergessen wir solche Erlebnisse wieder in der Hast des Alltags, sie werden kaum zum Anstoß, sich auch einmal den Früchten über das allgemein übliche Interesse hinaus zuzuwenden. Doch wie alles Lebendige, besitzen auch Früchte und Samen die Eigenschaft, durch Form, Farbe und Eigenheit auszusagen, Auskunft zu geben über Geschehnisse und Zusammenhänge und über das Wesen der Schönheit.

Wir wissen, daß Früchte und Blüten aufs engste zusammenhängen, denn das Ziel der Blüte ist die Frucht. Und erinnern wir uns, welch ein Aufwand an Entwicklung Jahrmillionen hindurch nötig war, damit heute ein Apfelbaum Früchte tragen kann, damit auf der Lichtung Erdbeeren heranwachsen können und Weizen und Korn an den Halmen reifen. Aus Anfängen mußten erst Blüten entstehen, und alle Raffinessen des Wechselspiels zwischen Blüte und Bestäuber haben letztlich das Ziel, der Blüte die Frucht und der Pflanze die Zukunft zu sichern. Daß das schrittweise Erreichen des hauptsächlichen Zieles eine immense Entfaltung der Blüten und der Bestäuber zur Folge hatte, die ihrerseits den Anstoß zu unzähligen Veränderungen gab, ist eine der Eigenheiten der Natur, die nie eingleisig läuft, sondern, alle Möglichkeiten nützend, entwickelt und entfaltet.

Die Blüte ist Voraussetzung der Frucht. Doch nicht die gesamte Blüte wird zur Frucht, nur der Fruchtknoten, der zwischen Stiel und Blüte sitzt und der sehr unscheinbar ist, solange die Blüte entfaltet ist. Doch von dem Augenblick an, da gleichartiger Pollen auf eine Narbe gelangt, keimt und der Pollenschlauch durch den Griffel auf die Samenanlage zu wächst, um beim Eindringen zu platzen, damit seine Kerne mit der Eizelle und dem Embryosackkern verschmelzen können, von diesem Ereignis der Befruchtung an wird eine Weiche in der Blüte umgestellt. Der Strom des Lebendigen fließt von nun an hauptsächlich durch den Fruchtknoten, der zur Frucht werden soll. Was dieser Strom nicht mehr versorgt, bleibt zurück, stirbt ab.

Der Fruchtknoten aber vergrößert sich, er wächst. Die doppelte Befruchtung hat ausgelöst, daß allmählich aus den befruchteten Eizellen die Samen heranwachsen und daß ein Nährgewebe sich ausbilden kann, das später die junge Pflanze beim Keimen mit Nahrung versorgen wird. Aus der Samenanlage gehen die Samen hervor, aus dem Fruchtknoten wird die Frucht, die die Samen umgibt.

In vielem lassen sich Vergleiche zwischen Pflanze und Tier ziehen. Das ist verständlich, denn wesentliche Grundanlagen beider sind ähnlicher, als uns dies heute noch auffällt. Der Vorgang der Befruchtung und das Heranwachsen der Frucht sind im Prinzip bei Pflanze und Tier gleich. Und wie das Tierjunge nach seiner Geburt ein Stück in die Zukunft geleitet wird, durch die Brutpflege der Eltern oder mit Hilfe des Instinktes und fördernder Einflüsse der Umwelt, genauso wird auch der Pflanzensame umsorgt, auf pflanzenhafte Weise. Dazu gehört, daß ihm zunächst die Nahrung aufgepackt wird. Übrigens geschieht dasselbe in zahlreichen Abwandlungen auch bei Tieren. Erstaunlich ähnlich z. B. bei Spinnen. Von der Geburt bis zur ersten Häutung haben junge Spinnen meist keine Nahrungssorgen, denn was sie für diese Zeit brauchen, beziehen sie aus den Vorräten, die vorgeburtlich in ihnen angelegt worden sind. Und wie die Spinnenmutter bei manchen Arten großflächige Netze für diese jungen Spinnlein anlegt, die sie bis zur ersten Häutung bewohnen – erst dann wandern sie auseinander –, so sind auch Samen geschützt, mit allem versorgt, selbst der Start ins eigene Leben wird artgemäß in die Wege geleitet.

Wir wissen, daß jede Pflanze ihre Eigengesetzlichkeit, ihren besonderen Gestaltungsplan hat und daß die Blüte ihn am offensichtlichsten äußert. Auch durch Früchte zeigt er sich in vielfach abgewandelter Weise. Meist ist man sich gar nicht bewußt, auf welch vielfältige Art unsere Pflanzen ihre Samen verpakken, und daß jede dieser unterschiedlichen Früchte auch das Ergebnis einer Jahrmillionen währenden Entwicklung und eines ausgeprägten, wenn auch weniger spezialisierten Wechselspiels ist.

Viele Früchte sind Trockenfrüchte. Zu ihnen zählen die Balgfrüchte unseres Feldrittersporns und der Pfingstrose, die aus einem einzigen Fruchtblatt geworden sind und zur Reifezeit an der Bauchnaht aufspringen. Die Früchte der Hülsenfrüchtler, der Bohnen, Erbsen, Lupinen, auch vieler Tropenbäume, sind ebenfalls nur aus einem Fruchtblatt gebildet worden, doch sie öffnen sich an der Bauch- und an der Rückennaht, also an zwei vorgebildeten Nahtstellen. Die Hülsen dieser Früchte sind, wenn die Samen reif sind, trocken-spröde, und die Samen sind mit kleinen Stielchen an den Innenwänden angeheftet. Manchmal sind sie unscheinbar gefärbt wie die Erbsen, sie können auch hübsch gezeichnet sein, wie die Bohnen es oft sind. Doch mitunter entfalten auch Samen und Früchte eine leuchtende Farbenpracht, wie die Samenkugeln jenes riesigen Leguminosenbaumes, der am Ufer des Mangroveflusses stand.

Den Namen Mangrovefluß hatten wir ihm verliehen, weil er auf keiner unserer Karten eingezeichnet war und wir einen Namen für ihn brauchten. Es war ein seichter, träger, doch breiter Wasserlauf, der irgendwo südlich von Santos in das Meer mündet und dessen Ufer von einer Mangrovewildnis bewachsen war. Sie waren von Millionen kleiner Winkerkrabben bewohnt. Wir befuhren ihn mit einem Kanoa und beobachteten die Krabben, die mit ihren gelben, orangeroten und blutroten Scheren winkten, während sie mit der freien Hand unablässig Schlamm, der mit Plankton versetzt war, in sich hineinschaufelten. Weiße Reiher flogen an der Kulissenwand der Uferbewachsung vorbei, große Eisvögel stießen fischend ins klare Wasser, und weiter oben lagen Kaimane am Ufer und sonnten sich. Wo der Fluß schmaler und seichter wurde, wendeten wir und schwammen wieder flußabwärts, lautlos, um nicht zu stören. Ehe wir zum Hauptbereich der Winkerkrabben kamen, sahen wir die Samen grellrot auf dem Boden leuchten. Flußaufwärts waren wir dem jenseitigen Ufer nach gezogen, von dorther hatten wir sie nicht sehen können. Unter einem sehr hohen, vereinzelt stehenden kahlen Baum war der Boden dicht von den leuchtendroten Samen bedeckt, und wir erinnerten uns an den gestrigen Sturm; er hatte sie abgeschüttelt. Aus der Nähe sahen wir, daß auch Ästchen auf dem Boden lagen, holzige, kurze Aststückchen, mit je zwei ovalen Hülsen, die zum Teil bereits aufgeplatzt waren, und die Samen schienen farbig aus dem Spalt hervor. Wir stiegen aus dem Kanoa und wateten hinüber, Fischchen fuhren entsetzt davon, und ein paar Krabben kippten in ihre Löcher. Die Samen waren gar nicht nur grellrot, sie waren zweifarbig, halb rot und halb schwarz, mehr als daumennagelgroß und steinhart. Und als wir welche aus den Hülsen lösen wollten – jede Hülse enthielt ein oder zwei Samenkugeln –, entdeckten wir, daß auch die Hülsen hart waren, hart wie Holz, und innen saßen die Samen in einer runden Höhlung mit einem Stielchen angeheftet.

Ein paar Tage darauf entdeckten wir am Festland, gleich hinter der Strandbewachsung, Büsche, die übervoll waren von geplatzten, leicht verholzten Hülsen, deren Teile sich nach dem Auseinanderreißen um sich selbst gedreht hatten. An den Innenseiten saßen noch in Reihen nebeneinander kleinere Samenkugeln, schwarz-weiß gefärbt. Und noch heute, viele Jahre danach, sind die großen rot-schwarzen und die schwarz-weißen kleineren, die wir mitgenommen hatten, unverändert wie an jenem Tag, an dem wir sie fanden.

Im Gegensatz zu Hülsen sind Schoten, wie sie das Brillenschötchen, das Schöllkraut und andere Kreuzblütler als Früchte besitzen, aus zwei Fruchtblättern gebildet, und die Samen sind nicht an der inneren Schotenwand, sondern an einer besonderen Scheidewand angeheftet. Und welche Vielfalt an Kapseln bringen unsere Pflanzen hervor: kleine, fein ausgeformte Gefäße, die sich selbst auf verschiedene Weise öffnen, um die Samen auszustreuen. Dreizipfelig ist die Kapsel des Johanniskrautes, sie öffnet sich bei Reife der Samen an den Scheidewänden der Fruchtblätter. Tulpenkapseln spalten sich der Länge nach, Mohnkapseln entlassen die Samen durch Poren, und die Eukalyptusfrucht ist eine kräftige, holzige Kapsel, die zur Reifezeit einen Deckel abhebt, damit die Samen verstreut werden können.

Die Haselnuß und die Eichel sind einsamige Nüsse und öffnen sich nicht in der Reifezeit, man nennt sie daher Schließfrüchte. Auch Gräser und Birken und Korbblütler bilden Schließfrüchte aus. Wieder anders sehen die Früchte von Fenchel und Kümmel und anderer Doldenblütler aus. Sie zerfallen bei der Reife in mehrere Teile, und jedes Stück entläßt daraufhin ein oder wenige Samenkörnchen.

Die fleischigen und saftigen Früchte sind uns mehr vertraut. Bei den Beeren sind viele Samen im Fruchtfleisch eingebettet, wie bei den Heidelbeeren, Tomaten, Gurken und Kürbissen. Manche Beeren enthalten nur einen Kern, wie die Dattel. Steinfrüchte besitzen ebenfalls nur einen Samenkern, wie Pflaume und Kirsche, Olive, Walnuß und Kokosnuß. Alles wohlschmeckende Hüllen oder ein schmackhafter Kern.

Wieder auf eine andere Art formen Apfel- und Birnbäume ihre Früchte aus: Die Blütenachse wird zu Apfel oder Birne, in die eingebettet der eigentliche Zweck, die Kerne, liegen. Erdbeeren gehen den umgekehrten Weg, indem sie ihre Samen außen dem süßen Fruchtfleisch aufsetzen.

Eine Fülle von Formen, zierlich und derb, winzig und groß, einfach und kompliziert, verschlossen, sich öffnend, glatt oder mit Haaren, Häkchen, mit Stacheln und Flügeln besetzt; unscheinbar oder grell gefärbt. Und alles keine «Laune der Natur», wie man früher annahm, sondern allmählich, schrittweise entstanden im Laufe der stammesgeschichtlichen pflanzlichen Entwicklung. Zeuge von Regel und Gesetz, von Ausdruck und Wechselbeziehung.

Wie die Blüte sich an die Besucher ihres Lebensraumes anpaßte, um sie als Bestäuber zu gewinnen, so reifen auch Früchte dem entgegen, der in die Lage kommt, regelmäßig Frucht und Samen verbreiten zu helfen. Nur aus dem Wissen um diese Wechselbeziehung läßt sich die Vielfalt der Früchte und lassen sich ihre Formen verstehen. Und es geht uns heute ja stets darum, nicht nur Tatsachen zu registrieren, sondern darüber hinaus Einblick in das Wirken der Kräfte zu nehmen, Gründe aufzudekken, Zusammenhänge zu sehen, um letztlich zu begreifen und zu erkennen.

Es liegt nahe, daß auch Früchten und Samen der Wind «Hilfestellung» leistet, daß er einspringt, wo es gilt, für die an den Platz gebannte Pflanze Entfernung zu überwinden. Und es ist wichtig, daß die Samen nicht alle in nächster Nähe der Mutterpflanze zum Keimen kommen. Jedes Pflänzchen braucht eigenen Lebensraum, um wachsen, um sich entfalten zu können. Im dichten Gedränge engster Nachbarschaft hätten jeweils nur wenige Chancen zum Aufkommen und Weiterbestehen.

Manche, wie Mohn und Schlüsselblumen, deren Kapseln an steifen Stengeln sitzen, streuen ihre Samen einfach in den Wind. Auch für unsere Orchideen, deren Kapseln mit winzigen, staubfeinen Samen gefüllt sind, ist der Weg unkompliziert: An trockenen, luftbewegten Tagen springt der Samenbehälter knisternd auf, im Windzug schwankt der Stengel, und als kleine Staubwolke fliegen die Samen davon. Allerdings ist hier die andere Seite problemreich, denn winzige Samen bekommen kaum Nahrung mit auf die Reise. Im Falle der Orchideen muß das Samenkorn nicht nur auf günstiges Erdreich treffen, um keimen zu können, es bedarf auch noch der Hilfe eines ebenfalls winzigen Pilzes, der ihm Stoffe vorbereitet, die es selbst aufnehmen kann. Doch ist der Pilz zu kräftig, unterliegt der Same, ist kein Pilz da, geht er ebenfalls ein. Dieses bedeutende Risiko ist insofern einkalkuliert, als die Mutterpflanze ungewöhnlich viele und daher auch nur sehr kleine Samen ausbildet und auf die Reise schickt.

Wenn wir uns weiter unter den Windfrüchtlern umsehen, finden wir eine Fülle von Einrichtungen, durch die Pflanzensamen per Luftfracht verreisen. Alle folgen dem Prinzip, das Gewicht zu vermindern und für den Wind möglichst günstige Angriffsflächen zu bieten. Hoch steigen die Samen des Löwenzahns mit Hilfe der feinen Schirmchen auf, und der Wind treibt sie davon. Aus den Früchten der Weidenröschen quellen leichte, mit Haarschöpfen versehene Samen, die der Luftzug entführt, und Pappelsamen ziehen als Watteflöckchen davon. Mit Flügeln versehen oder mit Propellerblättern ausgestattet gleiten im Segelflug oder schwirren die Samen von vielen Bäumen, von den Ulmen, den Tannen und Lärchen, den Birken und Ahornbäumen.

Waldrebe und Anemonen bilden die Griffel der Blüten zu Federschwänzen für die Samen um, und wenn der Wind in die Fruchtstände greift, holt er die geschwänzten Samen und treibt sie fort. Das Federgras stellt aus Grannen die langen Fahnen der Früchte her. Sind die Samen am Boden gelandet, schrauben sie sich, wenn der Wind die Fahne dreht, in den Boden ein.

Beim Mannstreu und anderen Pflanzen wird sogar die gesamte dürr gewordene oberirdische Pflanze samt den Fruchtständen zum «Steppengespenst» oder «Steppenroller». Der Wind knickt den spröde-dürren Stengel und rollt die Pflanze wie eine leichte, durchlässige Kugel davon, die unterwegs die Samen verstreut.

Je nach Bedarf verbläst der Wind die Samen, hebt die zarten Früchte hoch, läßt sie schweben, wirbelt andere zu Boden oder rollt sie davon.

Viele Pflanzen haben aus vielerlei Gründen ihre Früchte nicht für eine Windverbreitung gebaut. Für manche von diesen, besonders für Bäume und Büsche, hat es sich ergeben, daß sich Vögel ihrer Früchte annehmen. Das sieht man diesen Früchten auch an, sie wenden sich durch die Art der Ausstattung offensichtlich an Vögel. Da diese Augentiere sind, locken Vogelfrüchte meist mit kräftigen Farben, mit Rot und Gelb, mit glänzendem Schwarz, auch mit starken Kontrasten. Sie sind ohne Duft, aber schnabelgerecht, d. h. weder zu groß noch allzu klein, sie fallen im Herbst nicht ab, und sie bieten Nahrung an – Kohlehydrate, Eiweiß, Fett, Öle u.a.m. –, wohlschmeckend zubereitet. So entstand im Laufe der Zeit für diesen Zweck auf der gleichen Grundlage eine Wechselbeziehung zwischen der fruchtenden Pflanze und einem Tier, wie sie die blühende Pflanze mit anderen Tieren zum Zweck der Bestäubung entwickelt hat: Der eine gibt Nahrung, der andere übernimmt den Transport.

Unter den saftigen Früchten gibt es eine große Anzahl Vogelfrüchte. Bei dieser Verbindung geht es dem Vogel um die wohlschmeckende Frucht, der Pflanze um die darin eingebetteten Samenkörner, die der Vogel mit in Kauf nimmt. Das Reifen von Samen und Frucht geht Hand in Hand. Solange der Same noch unreif ist, ist auch die Frucht noch nicht fertig entwickelt und nicht ansprechbar für den Geschmack. Doch wenn die Kirschen reifen, sind die Amseln eifrigst unterwegs, wenn im Wald die Beeren reif werden, Liguster und Holunder ihre glänzendschwarzen Kugeln tragen, die Trauben saftig geworden sind, herrscht unter Vögeln keine Not. Sie fressen die Früchte, schlucken die Samen mit und sind rastlos vom ersten bis zum letzten Licht unterwegs. Die Samenkörner passieren den Darm, werden irgendwo abgesetzt, und da sie trotzdem ihre Keimfähigkeit erhalten haben, finden sie auf diese Weise Verbreitung im Revier des Vogels. Durch diese Gebundenheit an das Revier ist andererseits auch die Verbreitung begrenzt, der Same gelangt kaum aus dem Lebensbereich seiner Art hinaus.

Wenn die Lebensbedingungen der Pflanze das Absetzen des Samens an bestimmten Stellen verlangen, übernimmt z. B. die Beschaffenheit der Frucht die entsprechende Führung. So sind Mistelsamen darauf angewiesen, auf Zweige und Äste von Tannen, Föhren oder bestimmten Laubbäumen zu kommen und dort festgehalten zu werden, bis sie keimen und bis ihre Senker ins Holz eingedrungen sind. Mistelfrüchte sind schleimige Beeren, die von gewissen Vögeln, besonders den Misteldrosseln, gefressen werden. Beim Fressen bleiben aber die kleinen, harten Samen der Beeren häufig am Schnabel haften, und der Vogel wetzt sie an der Rinde ab. Dadurch gelangen sie genau dorthin, wohin sie gehören, und die klebrig-schleimige Masse der Frucht hält sie zudem noch eine Weile an der Rinde fest.

Pflanzen, die ihre Samen nicht mit saftigem Fruchtfleisch umgeben und dennoch von Vögeln verbreiten lassen, haben sich mit den Körnerfressern unter ihnen verbunden. Hier ist deutlich zu sehen, wie die Nahrungsart den Vogel mitgeprägt hat. Aber viele Pflanzen mit größeren Früchten, wie Eichen, Haseln, Buchen, haben Nagetiere – Eichhörnchen, Mäuse u.a. – als Fruchttransporteure. Diese schätzen Eicheln, Hasel- und Buchennüsse, fressen und verschleppen sie, und immer bleibt vieles davon irgendwo liegen, wo es später zum Keimen kommt.

In den Tropen sind Säugetiere weit mehr an der Verbreitung von Samen und Früchten beteiligt als bei uns. Wir finden daher in tropischen Ländern viele Früchte so ausgestattet, daß sie für solche Tiere ansprechend und erreichbar sind. Sie sind meist weniger auffallend gefärbt, dafür duften sie stark. Sie sind größer als Vogelfrüchte und fallen häufig bei der Reife ab, dem Tier entgegen, und besitzen entsprechend härtere Schalen. Zu solchen Früchten zählen Orangen, Kaki, Avocadobirnen, Kakaofrüchte und die Früchte von Palmen.

Eine solche Palme stand auch im Garten der Base Norte, der Beobachtungsstation der Universität von São Paulo. Wir wußten, daß ein mauskleines, gestreiftes Tier mit Vorliebe um die Dämmerung unter der Palme sein Wesen trieb. Dort lagen die mirabellengroßen Kugelfrüchte in Mengen auf dem sandigen Boden, waren angeschlagen, und viele gärten. Wenn der Wind von dorther strich, roch es auf der kleinen Veranda wie in einer Mosterei. Der süßliche Duft lockte Schmetterlinge an, Käfer und Fliegen, und dieser Früchte wegen huschte wohl auch das kleine Beuteltier zur Palme. Aber weil es ein Tagschläfer war, bekamen wir es nur sehr selten zu sehen. Es kam auch nicht regelmäßig, und wir kauerten ein paarmal vergeblich hinter den Zitronengrasbüscheln versteckt. Vielleicht besuchte es zu diesen Stunden die Früchte der Palme drüben neben dem Mandarinenbäumchen. Bis wir es dann doch überraschten, ganz zufällig und ohne Absicht, an einem der letzten Tage. Es war zeitig am Morgen, wir wollten hinunter zum schmalen Strand. Da hockte das kleine, gestreifte Tier am Ende des Weges, mitten in seinem Schlaraffenland. Eifrig knabberte es, uns halb zugewandt, und hielt die Frucht dabei nach Eichhörnchenart mit den Vorderpfoten fest. Es schien uns nicht bemerkt zu haben und genoß sichtlich, was es zwischen die Zähne bekam. Aber Beutelratten haben ein feines Gehör, und zweifellos war der kleine Schlemmer auf seiner Hut. Vielleicht war es eine Palmfrucht, die mit leichtem Aufschlag unter den anderen landete, vielleicht der Hund, der unten am Strand entlangstrich, oder hatte die Morgenbrise einen verdächtigen Geruch mitgebracht? Das kleine Tier zuckte plötzlich zusammen und war schon weggehuscht. Nicht einen Baum hinauf, sondern auf dem Boden fort. Dort wächst dichtes Gras, und das Mäuerchen hat große Spalten.

Auch Fledermäuse helfen beim Verbreiten von Samen mit. Fledermausfrüchte duften ebenfalls, doch sitzen sie gut zugänglich an Ästen oder Stämmen und fallen nicht ab. Viele krautige Pflanzen sind ihrer Früchte wegen mit Ameisen in Beziehung getreten. Ameisen gibt es fast überall, und alle sind emsig bemüht, zu sammeln, wegzutragen, einzuholen. Auch sie werden durch Nahrung «gelockt». An den harten Samen sitzen fleischige Anhängsel, die Stoffe enthalten, auf die Ameisen sehr stark ansprechen. Allem Anschein nach sind sie diesen Leckerbissen zuliebe sehr verläßliche Samenverträger, denn in unseren Zonen, wie in tropischen Wäldern, sind zahlreiche Pflanzen zu Ameisenfrüchtlern geworden. Bei uns zählen viele bekannte dazu, wie Lerchensporn, Veilchen, Zyklamen und Wachtelweizen, Schneeglöckchen, Taubnessel, Leberblümchen und Buschwindröschen.

Und noch weitere Wege stehen den Pflanzen zur Verbreitung ihrer Samen offen. Wie manche von ihnen den Wind benützen, indem sie ihre Früchte in die Luft schicken, sie segeln, schweben und schwirren machen, haben sich andere zunutze gemacht, daß größere Tiere an ihnen vorbeistreifen. So baute sich eine Fülle von Einrichtungen aus, die alle bezwecken, Samen wie blinde Passagiere bei verfügbaren Tieren unterzubringen. – Immer wieder sind wir gezwungen zu sagen: Es baute sich aus, es entwickelte sich, und lenken damit den Blick nur auf weitere Verknüpfungen und Wechselbeziehungen, die von Vorgängen ausgelöst und gesteuert wurden und immer noch werden, die wir nur in Teilbereichen durchschauen können. Wesentlich scheint mir zu sein, daß uns immer wieder erinnerlich wird, wie wenig wir im Grunde von dem kennen, was wir mit Natur bezeichnen, und wie weit wir auch heute noch davon entfernt sind, diese Natur zu «beherrschen».

Viele jener Früchte, die sich an Tieren festheften sollen, weisen borstige Haare mit Widerhaken auf. Streift ein Tier an der fruchtenden Pflanze vorbei, haken sich die Früchte in seinem Pelz fest und beginnen die Reise. Nicht selten verankern sie sich so gründlich, daß sie immer noch am Haarkleid der Tiere hängen, wenn die Samen längst verstreut worden sind. Besonders tüchtig dabei sind die Steppenpflanzen, deren Früchte ein reiches Sortiment von Haken und Dornen besitzen. Oft ist auch die Oberfläche der Früchte durch Drüsenhaare klebrig gemacht, und manche Samen oder Früchte werden klebrig, sobald sie mit Wasser in Verbindung kommen. Sumpf- und Wasserpflanzen mischen häufig Samen und Früchte in den Schlamm, mit ihm setzen sie sich an Wasservögeln fest und werden sehr weit transportiert.

Samen sowie Früchte können auch oft sehr lang in Wasser liegen oder schwimmen, ohne daß dies ihrer Keimfähigkeit Abbruch täte. Vielen schadet selbst Meerwasser nicht. Auf diesem Weg gelangen Kokospalmen auf ferne Inseln, und von den Paranüssen ist bekannt, daß ihre Früchte, die den Kokosnüssen äußerlich recht ähnlich sind, zur Reifezeit den Amazonas über weite Strecken bedecken. Viele «stranden» unterwegs am Ufer, setzen sich dort fest und beginnen zu keimen, viele schwimmen bis hinunter ins Meer, und manche von ihnen geraten durch Strömungen und Gezeiten irgendwo wieder an Land.

Nicht selten ergeht es den Coronanhas ebenso. Als wir sie noch nicht kannten, fanden wir sie erstmals im Gerümpelstreifen, den die Flut am Strand liegenläßt. Zwischen Tang und Muschelschalen, Gehäusen von Meeresschnekken, Seesternen, Sanddollars und gestrandeten Quallen lagen jedesmal, wenn wir den Flutstreifen absuchten, geldstückgroße, dunkelbraune, ziemlich flache Gebilde, die man für Samen halten mußte. Doch woher kamen sie? Das Meer war sauber, kilometerweit wurde es von einem schmalen, mehlfeinen Sandstreifen gesäumt. Keine größere Siedlung lag hier an der Küste, höchstens ein paar Fischerhütten standen vereinzelt hart am Strand.

Wir sammelten die braunen, runden, flachen «Samen». Sie waren steinhart. Wir trockneten sie an der Sonne, sie veränderten sich nicht. Ihre Oberfläche blieb leicht rauh, die Beschaffenheit erinnerte mich an die Oberfläche des Meeres, wenn es vom leichten Luftzug gekräuselt wird. Sie blieben dunkelbraun, manche heller milchkaffeebraun, und diese waren auch ein wenig mehr gewölbt, fast wie aufgeblasen, doch waren sie genauso schwer und kompakt wie die dunkleren. Ungewöhnlich war, daß jedes Gebilde rundum ein schmales, schwarzes Band aufwies, das dort wie das Aufreißband einer modernen Pakkung angebracht war. Wir vermuteten, daß sich die steinharte Samenschale auch entlang dieser schwarz markierten Nahtstelle öffnen würde, wie eine flache Dose aufklappt oder wie eine Muschel ihre Schalen öffnet. Doch keines der merkwürdigen braunen Gebilde öffnete sich, als wir sie tagelang, wochenlang in nasse Erde betteten. Wahrscheinlich waren sie noch nicht soweit. Das Schwimmen im Meer hatte sie wohl nicht verdorben, denn offenbar war Schwimmen für sie nichts Außergewöhnliches.

Es gab Tage, an denen die Flut ganze Hände voll von ihnen an den Strand warf. Woher kamen sie? – Wochen nach dieser ersten Begegnung erfuhren wir ihren Namen. Ein Fischer sagte ihn uns: Coroanha. Coroanha? fragten wir, und er lachte über unser Erstaunen und meinte, sie hießen auch Olho de boi, Stieraugen, nach ihrer runden Form. Woher sie kämen? Seine Hand beschrieb einen weiten Bogen gegen das Land. Von dorther, von überall. Aber auch bei unseren Streifzügen fanden wir die Stelle nicht, an der Coroanhas wuchsen. Ihrer Form nach müssen sie in Hülsen gesteckt haben, sagten wir uns. Doch es gibt zahllose Hülsenfrüchtler in Südamerika, auch riesige Bäume, wie jener am Mangrovefluß. Wo sollten wir die «Mutter der Coroanhas» suchen, ohne zu wissen, wie sie aussieht?

Am Tag, als wir den Fischer João auf der Insel besuchten – er war einer der wenigen, die sich noch auf das Bauen von Einbäumen verstehen –, streiften wir durch den Wald neben der Hütte. Joãos ausgetretene Pfade durchzogen diesen Wald, der längst kein urwüchsiger Wald mehr war, doch Bromelien saßen in Astgabeln, Orchideen blühten in gelben Schwärmen, Lianen durchflochten Buschwerk und Bäume, und ihre Seile hingen dick wie Girlanden herab. Plötzlich fiel mein Blick auf eine lange, dunkelbraune Frucht, offenbar war es eine Frucht, die von einem Baum an einem Lianenseil hing. Sie war mehr als spannenlang, gut zwei Finger dick, eine Hülsenfrucht, wie sich herausstellte. Sie blieb nicht die einzige. Sieben, acht, zehn, zwölf und mehr hingen bis obenhin an Seilen der Liane. Ich griff nach der nächsten, nicht vorsichtig genug, die Finger waren danach mit zahllosen winzigen Stacheln gespickt. Wir öffneten die Frucht mit dem Messer. In der großen, braunen, mit Stacheln besetzten Hülse saßen nebeneinander vier große, braune, flache, rundum von einem dunklen Aufreißband umlaufene, schöne Coroanhas!

Der Bann war gebrochen. Von nun an fanden wir sie wiederholt und nicht selten nahe an einem Wasserlauf. Wenn die Hülsen platzen, fallen die Coroanhas heraus, manche auch hinein ins träge fließende Wasser, und das nimmt sie mit bis hinunter zum Meer, das sie irgendwo mit Tang und Muschelschalen wieder zurück ans Land wirft. Viele finden auch den Boden zum Keimen, und aus ihnen werden allmählich wieder Lianen, die Büsche und Bäume umspinnen, irgendwann blühen – in welchen Blüten? – und Hülsenfrüchte, gefüllt mit Coroanhas, hervorbringen.

Manche Pflanzen verzichten beim Verbreiten von Früchten und Samen auf fremde Hilfe. Durch verschiedene Mechanismen verstreuen, verschleudern und verschießen sie selbst ihre Nachkommenschaft. Dafür ist das Springkraut bekannt, und die Spritzgurke kann ihre Samen bis zwölf Meter weit hinwegspritzen! Andere deponieren durch aktive Wachstumsbewegungen die Früchte in Spalten oder Mauerritzen, und die Erdnuß vergräbt selbst ihre Früchte im Boden.

Eine recht ungewöhnliche Art, für ihre Nachkommenschaft zu sorgen, zeigt die Mangrove. Ihr merkwürdiger Lebensraum sind die Mündungsgebiete tropischer Flüsse. Unter dem Einfluß von Ebbe und Flut sinkt und steigt dort das Wasser mitunter um etliche Meter, und je nachdem besteht es aus reinem Salzwasser oder aus Brackwasser, dem Gemisch aus Meer- und Süßwasser. Diesen ungewöhnlichen Verhältnissen haben sich die Mangroven angepaßt, indem sie aus den Stämmen nach allen Seiten Stützwurzeln aussenden, die den Baum vielfach im Boden verankern. Zur Ebbezeit stehen Mangroven auf einem Stelzwurzelgerüst, zur Zeit der Flut liegt dieses verflochtene Gerüst größtenteils unter Wasser. Zwischen den zahlreichen Bogen der Stelzwurzeln fängt sich alles, was angeschwemmt wird, und außerdem wirkt das Wurzelgerüst als Wellenbrecher, der die Wucht der anlaufenden Flut bricht und damit dem Baum Standfestigkeit gibt. Aus den Stelzwurzeln treiben Mangroven Luftwurzeln, die senkrecht nach oben wachsen und über die Wasserfläche hinausragen. Durch sie nimmt die Pflanze zusätzlich Luft auf. Das Blattwerk ist derb, dick und lederartig und einförmig gebaut. Der Boden unter den Mangroven ist schlammig und weich, voll organischen, verwesenden Stoffen, und meist bewohnen ihn zahlreiche Krabben, wie an den Ufern des Mangroveflusses.

Diese Bäume blühen in kleinen, strahligen Blüten, die in Trugdolden beisammensitzen. Sie werden von Insekten bestäubt. Nach der Befruchtung fallen die Blütenblätter und Staubgefäße ab, und für das, was daraufhin folgt, hat zweifellos die merkwürdige Lebenswelt der Mangroven das Stichwort gegeben. Der Fruchtknoten der Blüte wächst heran, bekommt eine stumpfkegelige Gestalt, nimmt das Aussehen einer Frucht an, doch die Frucht fällt nicht ab. Sie wächst weiter am Baum, und eines Tages durchbricht unten eine «Wurzel» die Fruchtwand, und diese Wurzel wächst und wächst, wird fast einen Halbmeter lang, mitunter noch länger. Der Same in dieser einbeinigen hängenden Frucht ist längst kein Same mehr, er ist bereits ein Keimling, auch wenn er noch in der Samenschale und in der Frucht steckt. Er bezieht immer noch seine Nahrung von der Mutterpflanze. Das wurzelartige Bein ist sein verlängerter dicker Keimstengel. Alles sieht nun aus wie eine lange, grüne, unten verdickte Schote. Schließlich wird das Gewicht doch zu groß, und der einbeinige Keimling fällt endlich vom Baum. Ist es Ebbe, so fährt er, das dicke Ende voran, schmatzend in den weichen Schlamm. In wenigen Stunden, bis die nächste Flut kommt, ist er mit eigenen Wurzeln verankert. Löst er sich zur Flutzeit, schwimmt er davon, aufrecht im Flußwasser, waagerecht im Salzwasser, in jedem Fall kann er assimilieren, und kommt er an Land, treibt er in Rekordzeit kräftige Wurzeln aus.

In bezug auf Früchte haben wir mit Vögeln eines gemeinsam: Wir schätzen genau wie sie das Fruchtfleisch, nicht die Kerne. In unserem Fall war die Folge davon, daß wir uns bemühten, Früchte zu züchten, die möglichst viel schmackhaftes Fleisch und möglichst keine Samen besitzen. Bei manchen Früchten ist dies auch gelungen. Unsere Kirschen haben z. B. wohl einen Kern, aber wesentlich mehr Fruchtfleisch als ihre wild wachsenden Stammeltern, und kernlose Orangen gibt es auch bereits längst. Viel früher aber ist eine solche Züchtung bei der Banane gelungen, die eine uralte Kulturpflanze ist, aus dem südlichen Asien stammend. In Amerika kannte man sie bereits, als Kolumbus dorthin kam. Heute sind über zweihundert Kultursorten über alle Erdteile verbreitet, wo die Banane das entsprechende Klima findet. Die meisten Kultursorten setzen kaum Samen an, dagegen bilden sich bei den Wildbananen zahlreiche große, schwarze, hartschalige Samen, die ein fleischiges Anhängsel besitzen.

Bananenblüten sehen fast aus, als stammten sie von einem anderen Stern. Eigentlich sind es Blütenstände, Scheinähren ihrem Aufbau nach, sie sehen wie riesige Quasten aus und sind von einer strengen, dekorativen Schönheit. Diese hängenden Quasten blühen von unten nach oben auf. Aber erst wenn sich die großen, roten oder purpurnen, äußeren Hochblätter heben – sie klappen zur Seite und rollen sich dann nach außen auf –, erst dann bekommt man die einzelnen röhrenartigen, hellen Blüten zu sehen, die in einer Querreihe eng aneinandergerückt sind. Bienen und Wespen bestäuben sie, aber auch herrlich bunte Kolibris und Honigvögel. Wenn die eine Querreihe Blüten bestäubt ist, hebt sich das nächste Hüllblatt und gibt die darüberliegende Blütenreihe frei. So blüht die Quaste etagenweise auf, und während die oberen Blüten bestäubt werden, bilden die untersten bereits die langen Beeren aus, unsere Bananen. Nicht alle Blüten der riesigen Quasten blühen auf. Die obersten Reihen fallen ungeöffnet ab. Immerhin bilden sich an einem Bananenfruchtstand 100 bis 300 Früchte aus, und der ganze «cacho», wie ihn der Brasilianer nennt, wird 30 bis 40 Kilogramm schwer.

Die zur Ausfuhr bestimmten Bananen werden geerntet, sobald sich an den grünen Früchten die Spitzen gelb färben oder sobald sich bei bestimmten Sorten die Kanten runden. Doch am köstlichsten schmecken auch in diesem Fall die an der Staude gereiften Früchte; die kleine, duftende *banana ouro*, die Goldbanane; die etwas größere, deren Schalen von Sommersprossen überrieselt sind; die *banana maçá*, die Apfelbanane; die Feigenbanane, *banana figo,* und die riesige Mehlbanane, *banana da terra,* ißt man nicht roh, sondern serviert sie gekocht, gedämpft oder gebacken. Außerdem stellt man aus ihr Bananenmehl her, das außer Zucker und Stärke auch Eiweiß enthält, oder man verarbeitet sie zu einem sehr schmackhaften Getränk.

Auch die Früchte der Passionsblumen – die in über dreihundert Arten verbreitet sind, hundert davon in Brasilien – sind äußerst schmackhaft und erfrischend. Sie sind gänseeigroß und goldgelb, ihre Schale ist derb, und im Fruchtfleisch sitzen viele braunschwarze kleine Samen, die von Vögeln vertragen werden.

Weitläufig verwandt mit Passionsblumen ist der Melonenbaum. Er wird vier bis sechs Meter hoch, und sein unverzweigter Stamm trägt einen Schopf großer, handförmiger Blätter. Er bringt weibliche oder männliche Blüten, darüber hinaus meist auch noch Zwitterblüten hervor. Die melonenähnlichen Früchte sind je nach Sorte länglich oder rund, größer oder kleiner und von einer druckempfindlichen, dünnen Schale umgeben. Ähnlich wie bei den Melonen bildet die Frucht im Inneren eine Höhle, an deren Wänden die Samen sitzen. Die Körner der Melonenbaumfrucht sind klein, rund und dunkelbraun. Sie sehen aus, als stammten sie aus der Apotheke, nicht aus einer Frucht; sie werden auch mit Erfolg als Wurmmittel verwendet. Das Fruchtfleisch dieser recht großen Frucht ist sehr zart und erinnert im Geschmack an Aprikosen. In den Ländern, in denen der Melonenbaum wächst – er ist in Süd- und Mittelamerika heimisch –, wird seine Frucht sehr geschätzt und häufig roh, mit Zucker und Zitronensaft serviert.

Überhaupt bieten Tropengebiete eine Menge herrlicher und schmackhafter Früchte. Birnenförmige Avocados, deren Außenhaut grün und ledrig ist und in deren grasgrünem Fruchtfleisch ein riesiger Kern in einer Höhle sitzt. Man entfernt den Kern, füllt die Vertiefung mit Zucker und Zitronensaft und löffelt das Fruchtfleisch wie eine Creme. Die Früchte des Mangobaumes haben Pflaumengestalt, doch sind sie etwa faustgroß, gelb bis lachsrosa gefärbt und besitzen eine dünne, doch derbe Haut. Ihr großer Kern ist mit dem faserigen Fruchtfleisch verwachsen, er läßt sich schwer herauslösen. Minderwertige Sorten schmecken stark nach Terpentin, doch der Geschmack edler Mangofrüchte ähnelt entfernt unseren Aprikosen und Pfirsichen. Kirschenähnlich sind Jaboticabas, Früchte von Myrciariabäumen, deren Blüten direkt an den Stämmen und Ästen sitzen. Auch sie besitzen einen mit dem Fruchtfleisch verwachsenen Kern, und ihr Geschmack erinnert keineswegs, wie ihre Gestalt, an unsere Kirschen. Er ist medizinhaft und herb, doch herrlich erfrischend.

Wenden wir uns wieder den Samen zu, jenen Gebilden, die alles enthalten, um einen riesigen Baum hervorzubringen, einen Strauch, eine zierliche Graspflanze. Zunächst müssen sie keimen und ihre ersten Wurzeln in einen Boden versenken, der ihnen gibt, was sie weiterhin brauchen. Für die Keimung braucht der Same grundsätzlich Wasser zum Quellen der Samenschale, genügend Sauerstoff und eine bestimmte Temperatur, die allgemein zwischen 25 und 35 Grad liegt. Doch wenn die Pflanze in einer Zone mit entsprechenden Temperaturschwankungen gedeiht, kann auch die Keimungstemperatur ober- oder unterhalb von diesem Durchschnittswert liegen. Manche Samen müssen, ehe sie keimen können, erst «ausfrieren», die meisten können sofort keimen, andere müssen erst nachreifen, ehe sie zum Keimen kommen, wie die Samen der Eichen. Auch die Besonderheiten auf diesem Gebiet stehen in engem Zusammenhang mit den Lebensbedingungen und den Lebensgewohnheiten der betreffenden Pflanze. Die Keimfähigkeit kann recht verschieden lang sein. Manche Hülsenfrüchtler beispielsweise können selbst noch nach 90 bis 100 Jahren keimen!

Wenn der keimbereite Same mit Wasser in Berührung kommt und die entsprechende Temperatur herrscht, quillt er auf, und im Innern beginnt der Keimling zu wachsen. Eine winzige Wurzel kommt zum Vorschein, die Samenschale wird gesprengt, Keimstengel und Keimblätter treten aus, und in dem Maße, in dem der Keimstengel wächst, werden auch die Keimblätter über dem Erdboden sichtbar. Allmählich streckt sich nun der Stengel über dem Keimblattpaar, die beiden ersten Laubblätter entfalten sich und werden grün. Damit ist die Aufgabe der Keimblätter getan, sie schrumpfen und fallen ab. Bei manchen Samen aber bleiben die Keimblätter dauernd von der Samenschale umhüllt, sie sind dicke Speicherorgane, die den Keimling ernähren, aber nie über dem Boden erscheinen.

Wie immer der spezielle Same keimen mag, den Gesetzen folgend, die für seine Pflanzengruppe gültig sind, mit den ersten Blättern, die sich aus dem Boden schieben, ist ein neues Lebewesen in die Welt getreten.

Vielgestaltig und bunt sind auch die Früchte. Auffällig, groß und orangerot hängt die Frucht der Judenkirsche zwischen dem Laub.

Unscheinbar gelblich blühen die Berberitzen, doch ihre scharlachroten Beeren leuchten im Herbst aus den dornigen Büschen.

Die fingerhutgroßen, steinharten Früchte einer Eukalyptus-Art werfen zur Zeit der Samenreife einen Deckel ab und entlassen die kleinen Samenkörnchen durch eine Öffnung, die einem kunstvoll ausgeschnittenen Kreuz gleicht.

Aus den sanft hellrosa Heckenrosenblüten werden starkrote, glänzende Hagebutten. Durch ihre leuchtende Farbe locken sie zahlreiche Vögel an, ihnen schmackhafte Früchte bietend, damit die Samen verbreitet werden.

Links:
Die Sternklee verwandelt seine hellrosa Blüten in fingerhutgroße dekorative sternförmige Fruchtköpfchen, indem die Kelchzipfel austrocknen, auseinanderspreizen und sich an den Innenseiten rötlich färben.

Ein südamerikanischer Leguminosen-Busch öffnet zur Samenreife seine spröden Hülsen an 2 vorgebildeten Nahtstellen, dabei drehen sich die beiden Teile spiralig und geben kontrastreich gefärbte Samen frei, deren Stielchen bald trocken und spröde werden.

Grellrot und schwarz gefärbte Früchte eines brasilianischen Leguminosen-Strauches.
Keinen Zentimeter lang sind diese unscheinbaren Früchtchen des Odermennigs. Mittels Häkchen und Borsten heften sie sich an vorbeistreifende Tiere und erreichen ohne Frage ihr Ziel.

Samenkugel des Löwenzahnes.

52

Fruchtstand eines Doldengewächses. Die einzelnen Spaltefrüchtchen messen 5 mm im Durchmesser. Luftfeuchtigkeit und Trockenheit regeln ihren fein ausgeklügelten Mechanismus.

Vielfalt der Insekten

Insekten sind auf der Erde fast allgegenwärtig. Keine Wiese ohne Bienen, Schmetterlinge, Käfer, Heuschrecken und Grillen. Im Wald begegnen wir den Ameisen, viele Raupen und Käfer leben unsichtbar für den ungeübten Blick, Schmetterlinge verbergen sich, um blühende Büsche und Bäume summen Bienen, Wespen und Fliegen. Am See fallen uns die Libellen auf, zwischen Schilf tummeln sich Larven. Bläulinge tänzeln vor uns über den Weg, und schillernde Laufkäfer suchen das Weite. In unserer Stadtwohnung ärgern wir uns über lästige Fliegen; wenn wir in der Dämmerung die Fenster geöffnet haben, sirren Stechmücken an, und nachts lockt das Licht kleine Nachtfalter ins Zimmer.

Alle Klimagürtel und -zonen werden von Insekten bewohnt: Wälder, Steppen und Wüsten, Tundren und Polargebiete. Sie leben in sengender Hitze und in Schnee und Eis, im tosenden Wasser der Bäche, in Felsspalten, in der Dunkelheit der Höhlen, im Sturm, in Pflanzenstengeln und morschen Strünken, an der Haut, im Pelz und in den Körpern von Tieren. Sie haben alle Lebensräume besetzt, mit Ausnahme der Meere, indem sie sich im Laufe von Jahrmillionen aus einfachen, ursprünglichen Formen unausgesetzt weiterentwickelten.

Sie stammen von Verwandten der Tausendfüßer ab, von Landtieren, und auch ihre Entfaltung begann an Land und nahm dort ihren ersten Verlauf. Doch bereits im Erdaltertum setzten die frühen Insekten an, in den Luftraum vorzustoßen. Das bedeutete jedoch nicht nur, daß sich schrittweise Flügel bildeten. Der gesamte Körper wurde allmählich einer Umformung unterzogen, um die Voraussetzung zu bieten, daß sich Flügel entwickeln konnten, daß er fähig wurde, sie zu bewegen, und um letztlich selbst imstande zu sein, von ihnen getragen zu werden. Und Fliegen fordert vom Insekt grundsätzlich anderes als Kriechen und Klettern. Manche Sinne werden vermehrt und besonders angesprochen, sie verfeinerten sich. Manches aus der alten Lebenswelt blieb zurück, anderes gewann unter den neuen Möglichkeiten vermehrte Bedeutung, und Neues ergab sich. Auch die Beziehung zur Blüte konnte sich schließlich fester knüpfen. Beim fluguntüchtigen Insekt mochte sie noch mehr jenen scheinbar zufälligen Charakter tragen, der häufig das Anfangsstadium einer Wechselbeziehung kennzeichnet.

Hundertfünfzig Millionen Jahre hindurch gab es außer Insekten keine anderen geflügelten Tiere. Dann erst tauchten Flugechsen und Vögel, zuletzt Fledermäuse auf. Diesen Vorsprung hatten die Insekten genutzt. In der Steinkohlenzeit, vor etwa 300 Millionen Jahren, flogen bereits Libellen durch die Wälder der Schuppenbäume und Riesenfarne, riesige Geschöpfe, deren Flügel bis einen Meter spannten! Im Erdmittelalter hatte die Weiterentwicklung bereits Fliegen und Käfer hervorgebracht, ihnen folgten dann Schmetterlinge und Hautflügler, und je mehr sich die Blütenpflanzen entfalteten, desto artenreicher und spezialisierter wurden auch die Insekten.

Parallel zu dieser Entwicklung, die den Geflügelten unter den Insekten eine enorme Verbreitung und das Aufspalten in jene Fülle von Erscheinungsformen ermöglichte, die wir heute kennen, parallel dazu hatten sich irgendwann landlebende Insekten auch an das Leben im Süßwasser anzupassen begonnen. Heute leben Insekten in stillen Tümpeln, strömenden Flüssen, in kalten, von Gletschern gespeisten Gewässern, in trüben Pfützen, im Regenwasser der Blatttrichter von Bromelien an Bäumen der Tropenwälder. Selbst in heißen Quellen von über 50 ° Celsius und in Petroleumtümpeln entwickeln sich Insekten. Wie bei der Anpassung an das Leben im Luftraum mußte auch für ein Leben im Wasser der Körper umgeformt und das Sinnesleben eingepaßt werden. Dabei zeigt sich wieder, daß in der Natur alle Möglichkeiten genützt, alle Wege beschritten werden, die zu einem Erfolg führen können. Schon das grundsätzliche Problem, das Atmen in Wasser, wurde auf die vielfältigste Weise gelöst. Die beiden Grundmöglichkeiten wurden ausgebaut: Entweder wird der im Wasser vorhandene Sauerstoff durch Kiemen bzw. direkt durch die Luft aufgenommen, oder das im Wasser lebende Tier bezieht nach wie vor seine Atemluft aus der Atmosphäre. Viele im Wasser lebende Insekten besitzen Kiemen, verzweigte, verästelte Gebilde, auch unsichtbare, in den Körper hinein verlegte. Andere holen die Luft mit Hilfe von Atemröhren, die sie über den Wasserspiegel hinausstrecken. Nicht selten speichern sie dann diese Luft in besonderen Kammern und Säcken, und eine weitere Folge davon ist, daß diese angesammelte Luft sie schwebend erhält, sie nicht absinken läßt. Auch das feine Häutchen des Wasserspiegels wird von vielen Wasserinsekten genützt. Sie hängen sich daran auf, mit Hilfe von Borsten, Härchen, Haken und Krallen. Oder sie laufen darüber hinweg, und auch dabei helfen Haare, Haarbüschel und -kränze, und Drüsen sondern bestimmte Sekrete ab, die verhindern, daß Beine und Körper naß werden können, u.a.m.

Es ist nicht verwunderlich, daß dieses Ausbreiten der Insekten in alle Lebensbereiche eine fast unüberschaubare Vielfalt an Gestalten zur Folge hatte. Von allen heute bekannten Tierarten sind 70 Prozent Insekten! Wie kein anderes Tier war das Insekt geeignet, sich anzupassen und einzufügen. Seine Stärke lag nicht darin, Riesenformen auszubilden und auf diese Weise eine Epoche lang beherrschend zu werden. Sein Grundmodell war so beschaffen, daß es wohl hinsichtlich des Größenwachstums seine relativ engen Grenzen besaß, doch es war ungemein wandelbar und anpassungsfähig. Auf dem Weg des Insekts scheint von Anfang an die Entwicklung zur immensen Vielfalt gelegen zu sein. Wie verschieden Insekten sind, wird uns mit einem Schlag bewußt, wenn wir uns ein paar Vertreter verschiedener Ordnungen vor Augen stellen, zum Beispiel Libelle, Käfer und Schmetterling. Auf den ersten Blick zeigen diese drei Tiere kaum Verwandtschaftlichkeit, dennoch trägt jedes unmißverständlich die Züge des Insekts.

Der Bauplan des Insektenkörpers folgt einem vollkommen anderen Grundplan als der Körper der Wirbeltiere. Während dort das Skelett den Körper von innen her stützt, ist beim Insekt die Stütze nach außen verlegt, und Muskeln und Organe sind an der Innenseite eines «Außenskelettes» befestigt. Dieses kann von sehr verschiedener Beschaffenheit sein; hautartig zart wie bei Larven, panzerhart bei den Käfern, und manchmal ist es durchsichtig, und man kann die inneren Organe sehen. Immer aber ist diese stützende, schützende Hülle aus denselben Baustoffen aufgebaut, aus einer Eiweißsubstanz und aus Chitin, einem der Zellulose der Pflanzen verwandten Stoff. Wie vielseitig verwendbar und wie wandelbar diese Baumasse ist, zeigt noch deutlicher die Tatsache, daß die Flügel einer Eintagsfliege ebenso aus ihm aufgebaut sind wie die derben Zangen eines Hirschkäfers oder die Mundwerkzeuge jener Insekten, die Silber und Kupfer annagen können.

Auch andere Gliederfüßer besitzen ein solches Außenskelett, so z.B. Krebse und Spinnen. Es umschließt jeweils den gesamten Körper, doch selbst wo es hart wie ein Panzer ist, ist es beweglich, in bestimmten Abschnitten sogar dehnbar, denn es besteht aus einzelnen Platten, die durch Gelenkhäute mitsammen verbunden sind. Lediglich der Kopfabschnitt ist zu einer festen Kopfkapsel verschmolzen. Der Brustabschnitt weist deutlich drei Segmente auf, die aber bei flügeltragenden Insekten die Beweglichkeit zum Teil verloren haben. Am beweglichsten ist in der Regel der Hinterleib geblieben.

An jedem Brustsegment setzt ein Beinpaar an, dünne, verhärtete Rohre, die wohl in die bekannten Abschnitte Hüfte, Ober- und Unterschenkel und Fuß gegliedert sind, doch auch ihre Muskeln setzen innen an, dadurch wird das Bein von innen her bewegt. Und wie vielfältig sind Insektenbeine gestaltet! Je nach der Lebensweise der Tiere sind sie Laufbeine oder Sprungbeine, die sich mit einem Ruck strecken können, wobei das Hüft- oder das Kniegelenk zum Sprunggelenk geworden ist. Beim Floh sind beide Gelenke beim Springen beteiligt! Bei Maulwurfsgrillen und Mistkäfern sind die Beine in Grabbeine umgeformt, Wasserkäfer haben Schwimmbeine mit regelrechten Ruderblättern oder mit entsprechend gestalteten Haarsäumen, und Tierläuse klammern sich mit ihren Klammerbeinen fest. Darüber hinaus zirren und zerren die Feldheuschrecken mit ihren Sprungbeinen, Honigbienen gebrauchen das hinterste Beinpaar beim Sammeln von Blütenstaub, viele Insekten tragen Bürsten am vordersten Beinpaar, mit denen sie ihre empfindlichen Fühler reinigen. Fangschrecken haben ihr vorderes Beinpaar zu «Schlageisen» umgeformt, die der Beute entgegengeschleudert werden. Sogar Sinnesorgane haben auf Beinen Platz gefunden. Die Schmetterlinge «schmecken» mit den Füßen, und Laubheuschrecken «hören» mit den Schienen ihrer vordersten Beine.

Viele Sinnesorgane sind an Fühlern plaziert. Mit den Fühlern durchtasten und durchkämmen die Insekten die Luft. Empfindliche Sinneshaare und Sinnesgruben nehmen Signale auf, von denen wir nichts ahnen, die auf Ebenen liegen, die für uns unzugänglich sind. Jede Art hat ihre bestimmten Muster, die der eine aussendet, der andere empfängt, jeder Außenstehende ist taub dafür. Unvorstellbar, wie viele Signalbahnen die Luft um uns durchziehen, sich kreuzend, umschlingend, die eng aneinander liegen, ohne einander zu beeinträchtigen, und jede führt nur zu jenen, für die sie gemeint ist.

Neben Organen des Tastsinnes, die auch noch andere Teile des Insektenkörpers besetzen, tragen die Fühler vor allem besondere Geruchsorgane, die ungemein fein abgestimmt sind. Es ist bekannt, daß Insektenmännchen ihre Weibchen nicht selten auf kilometerweite Entfernungen wahrnehmen können. Und die Weibchen erkennen auf ähnliche Weise den Ort, an dem sie ihre Eier ablegen. Beim Mückenmännchen hat der Gehörsinn seinen Sitz in den Fühlern. Mit den von feinen Haarkränzen umgebenen Antennen durchspürt es die Luft nach dem sirrenden Gesang eines Weibchens.

Fühler sind so vielgestaltig wie fast alles an den Insekten. Aus einer Anzahl von unterschiedlichen Gliedern aufgebaut, sind sie lange, zarte Fäden oder gefiederte Ästchen, sie können gezähnt oder gesägt sein, an den Enden zu Keulen verdickt oder zu Blättchen vergrößert, von Haarkränzen umstanden oder von einzelnen Borsten besetzt. Doch stets ist auch hier die Ausformung streng an die Art gebunden.

Insektenaugen können von wunderbarer Schönheit sein. Wie gewölbte Kristallkugeln sind sie von einer herrlichen Klarheit, überlaufen von Goldtönungen, oder es scheinen tief innen farbige Edelsteine eingelassen zu sein. Manche erstrahlen in allen Farben des Regenbogens, andere leuchten metallisch. Jedes einzelne dieser Facettenaugen ist aus Hunderten, ja aus Tausenden von Einzelaugen zusammengesetzt, und jedes Einzelauge ist ein Wunderwerk, das für sich selbständig ein Bild entwirft. Das Gesamtbild setzt sich aus diesen Einzelbildern zusammen. Je mehr solcher Einzelbilder, desto schärfer ist das gesamte Bild. Die Anzahl der Einzelaugen hängt jeweils mit der Lebensweise des Insektes eng zusammen. So besitzt das Auge des Maikäfers, der im Baum Blätter frißt, «nur» 5500 Einzelaugen, dagegen die großen, fast den ganzen Kopf füllenden Augen der Libellen, die in reißendem Flug ihre Beute fangen, bis 28000! Fluginsekten weisen außerdem noch sogenannte Stirnaugen auf. Diese sitzen meist in einer Gruppe zu dreien an der Stirn und sind einfach gebaute, lichtempfindliche Organe, doch keine bildempfangenden Augen. Sie wirken stimulierend auf das Nervensystem und dürften auch mit der außerordentlichen Reaktionsfähigkeit der Facettenaugen fliegender Insekten zusammenhängen.

Aus Versuchen wissen wir, daß für Insekten die Welt ganz anders aussieht, als wir sie sehen. Wir Menschen sind imstande, ein sehr umfassendes Bild von unserer Umwelt aufzunehmen, und selbst wir wählen bewußt oder unbewußt aus der Fülle der Erscheinungsformen aus. Welch eine große Rolle dabei das Unbewußte in uns spielt, lehrt die Erfahrung, daß wir im Laufe der Auseinandersetzung mit der Welt, in der wir leben, immer mehr Einzelheiten und Zusammenhänge sehen und erkennen lernen können. Was uns nicht anzurühren vermag, sehen wir nicht oder nehmen es nur an einer wenig aussagenden Oberfläche wahr. Für das Insekt ist eine solche persönliche Auswahl vorweggenommen, indem bereits seine Augen – sowie die anderen Sinnesorgane – solcherart gebaut sind, daß sie für das Tier Lebensnotwendiges, Wesentliches aus seiner Umwelt herausfiltern. Anderes nimmt es – zu seiner Entlastung sowie zu seinem Schutz – gar nicht wahr. Das gilt auch für das Sehen von Farben. So sprechen beispielsweise Bienen auf Rot überhaupt nicht an, dagegen sehr stark auf Ultraviolett und etliche andere Farben. Wobei Ultraviolett wieder ein Farbwert ist, den *unsere* Augen nicht erkennen können; auch für uns besteht also bereits eine gewisse Filterung durch den Bau unserer Sinnesorgane. Zahlreiche Insekten sind auch imstande, die Schwingungsrichtung des polarisierten Lichtes wahrzunehmen. Damit besitzen sie gewissermaßen einen Kompaß, der ihnen bei der Orientierung behilflich ist.

Insekten, die zur Erfüllung ihrer Lebensaufgabe nicht viel sehen müssen, wie z.B. Larven, besitzen auch keine hochwertigen Facettenaugen. Für sie genügen statt dessen einfach gebaute «Seitenaugen», Einzelaugen, die ihnen jene Eindrücke vermitteln, deren sie bedürfen. Und im Dämmerlicht oder im Dunkel lebende Insekten haben stark rückgebildete Augen oder sehen nichts.

Dafür sind bei ihnen andere Sinne zu einer besonderen Feinheit entwickelt worden.

Die weite Verbreitung der Insekten hat auch mit sich gebracht, daß viele von ihnen Spezialisten geworden sind, eingepaßt in einen nicht selten sehr extremen Lebensraum oder auf sehr spezielle Wege gesetzt. Sie zeigen sich so ausgestattet, daß sie auch imstande sind, diesen Sonderplatz auszufüllen. Bei der Bewältigung dieser Lebensaufgaben, bei der sie die verblüffende Meisterschaft der Instinktgeführten an den Tag legen, helfen ihnen in hohem Maße die oft geradezu raffiniert ausgebildeten Mundwerkzeuge. Das Insekt ist nicht, wie wir, auf Hilfsmittel angewiesen, die es sich beschaffen muß. Was es nötig hat, besitzt es an sich. Muß es schneiden oder mahlen, hat es Schneide- oder Mahlzähne; braucht es für seine Aufgabe feine Sägen oder Bohrer, sind seine Mundwerkzeuge wie solche gebaut. Hat es zu saugen, besitzt es Pumpe und Schlauch und kann diesen, wenn eine außerordentliche Länge nötig ist, bei Nichtgebrauch rasch einrollen. Es kann stechen, sägen und hebeln und Giftdolche schleudern. Und alles mit Mundwerkzeugen, die stammesgeschichtlich ursprünglich Beinpaare des Kopfabschnittes waren . . .

Ergänzt wird bei manchen Insekten diese sinnvolle Werkzeugausstattung am Kopf mit entsprechenden Einrichtungen an den Vorderbeinen oder in häufigen Fällen, vor allem bei Weibchen, durch Stacheln und Legeröhren am hinteren Körperende. Dabei handelt es sich im Prinzip um Injektionsnadeln, die unvorstellbar dünn und elastisch sind, an Länge den Körper des Tieres bei weitem übertreffen können und vom Insekt oft durch hartes Holz getrieben werden.

Wie erfindungsreich gestaltet und bis ins kleinste Detail sorgfältig durchgebildet die diversen Werkzeuge der Insekten sind, weiß nur, wer sich eingehender mit ihnen befaßt. Dagegen fällt die Mannigfaltigkeit und Schönheit ihrer Flügel jedem auf, auch wenn er sich nur ab und zu den Insekten zuwendet. Bienen und Wespen haben meist durchsichtige Flügel, die von mehreren Streben durchzogen und in bestimmte Felder geteilt sind, die immer für die Art charakteristisch sind. Sie sind zweckmäßig und schön, wie alles in der Natur, das, den Zweck erreichend, zugleich auch die bestmögliche Form gefunden hat. Doch schon bei vielen Fliegen geht die Gestaltung der Flügel weiter, hinein in einen Bereich, wo nicht nur Nutzen und Vorteil die Gestalt diktieren, sondern sich auch andere Einflüsse geltend machen. In die glashelle Klarheit der Flügelflächen sind begrenzte goldgelbe, hellbräunliche Muster eingelassen, sind weiße Tupfen wie mit Deckweiß aufgesetzt oder feine Schattierungen eingemalt. Manche der glasklaren Flügel irisieren stark in der Bewegung und zeigen alle Regenbogenfarben. Libellenflügel weisen neben ihrem eleganten Schnitt wunderbare, oft metallische Farben auf, Blau und Tiefgrün, andere sind von rauchbraunen Schleifen überspielt. Beim Goldauge und bei vielen Zikaden decken die Flügel den Körper wie ein übergelegter Mantel aus kostbarer Spitze.

Einen eigenen Weg in bezug auf die Ausbildung der Flügel sind die Käfer gegangen. Bei ihnen hat sich das vordere der beiden, allgemein ursprünglich gleich gestalteten Paare in stabile Flügeldecken umgewandelt, unter die nun der Käfer das häutige zweite Paar, mit dem er fliegt, zusammengefaltet schieben kann. Diese Flügeldecken jedoch sind nicht nur ein Schutz, sie tragen darüber hinaus einen großen Teil zur prächtigen, oft skurrilen Schönheit der Käfer bei. Gemeinsam mit dem Kopfschild, mit dem sie eine optische Einheit bilden, sind sie häufig das tragende Schmuckelement. Nicht selten scheinen sie aus Metall gegossen zu sein, ihre Wölbung spiegelt und glänzt und leuchtet in satten Farben. Andere wirken wie gehämmert, oder in eine dunkle Schicht sind kontrastfarbene Muster eingelassen, rote Flecken sitzen auf Schwarz, helle Zeichnungen ziehen über Dunkelbraun, irisierendes Blau wechselt mit leuchtendem Rot und Grün. Längsrillen laufen vom Kopfschild zur Spitze des Hinterleibes, Buckeln stehen in Mustern beisammen, schwarz und gelb lackierte Dornen starren und lösen die Konturen auf. Und will der Käfer fliegen, spreizt er die prächtigen Schutzdeckel, drückt die Flügel heraus und schwirrt ab.

Auch andere Insektengruppen haben das erste Flügelpaar zu Flügeldecken umgeformt, wie bei Ohrwürmern, Heuschrecken und Grillen. Manche Fangschrecken haben ihren häutigen Flügeln grellbunte Muster aufgesetzt. In der Schreckstellung schlagen sie Flügeldekken und gezeichnete Flügel ruckartig auf, werfen ihre Fangarme hoch und können dadurch erreichen, daß der Angreifer erschrocken abläßt von ihnen.

Einen Höhepunkt in der Flügelgestaltung zeigen die Schmetterlinge. Für die meisten von ihnen bedeutet ja Fliegen Leben, nur wenn sie ruhen, regen sie die Flügel nicht. Wie schwerelos schweben sie über Blüten und Gräser, gaukeln, tänzeln oder ziehen weite Bogen. Zu zweit wirbeln sie gegen den blauen Himmel hinauf, in Scharen finden sie sich an den Plätzen der Schmetterlingstränken ein. Den langen Rüssel tief in die Blume gesenkt, schwirren sie, um im nächsten Augenblick schon in rasantem Flug weiterzustürmen. Und getragen von ihren Flügeln überwinden sie weite Strecken und ziehen selbst über

Alpenpässe ihren unsichtbaren, vorgezeichneten Straßen nach. Jede Art weist einen eigenen Flügelschnitt auf, trägt die ganz bestimmte Zeichnung, die typischen Farben, und überall waltet offensichtlich eine Gestaltungskraft, die immer wieder weit über das Ziel bloßer Anpassung und Zweckmäßigkeit hinauswirkt.

Nicht nur der Bauplan des Insektenkörpers folgt seinem ganz eigenen Grundprinzip. Auch der Entwicklungsweg des Insektes, von der Geburt bis zum Erwachsensein, verläuft anders als jener der übrigen Tiere. Seine Metamorphose zählt zu den erstaunlichsten Ereignissen im Tierreich.

Als Ei wird das künftige Insekt abgelegt, und bereits in diesem Stadium trägt es auch äußerlich den Stempel seiner Art. Wenn sich auch alle Eier in der Grundform ähnlich sind, Insekteneier sind darüber hinaus gerillt, gedellt, von Fortsätzen geziert, abgeplattet, ausgezogen, derb oder durchscheinend dünnschalig, orangerot, gelb, wie Perlen schimmernd. Aus dem Ei schlüpft die Larve, ein madenartiges Geschöpf, aber ebensogut können winzige, eben ausgekrochene Raupen von bunten Dornen und Haaren besetzt sein, farbige Schwänze oder groteske Kronen tragen. Die Larve frißt, das ist ihr Lebenszweck, und da sie entsprechend wächst, wird ihr die Haut bald zu knapp. Denn als Insekt besitzt auch die Larve jenes typische stützende Außenskelett – bei ihr ist es nur hautartig dünn –, an dem Muskeln und Organe innen angeheftet sind und das nicht mitwächst. Also muß die Larve die zu eng gewordene Haut abstreifen: Sie häutet sich und steckt bereits in einer größeren, vorbereiteten Hülle. Im Laufe der Zeit häutet sie sich mehrere Male, bis sie sich weiter verwandeln kann. Nach der letzten Häutung ist sie zur Puppe geworden. Wieder wird das sich umgestaltende Tier von einer festen Hülle umgeben, ähnlich wie als Ei. Aus der Puppe schließlich schlüpft eines Tages das fertig entwikkelte Insekt, das, wenn es seine Flügel gestreckt hat und die Außenhaut erhärtet ist, nicht mehr wächst und sich nicht mehr wesentlich verändern kann.

Manche Insekten machen eine nur unvollkommene Metamorphose durch, wie Eintagsfliegen und Libellen, Heuschrecken und Wanzen. Bei ihnen fällt das Puppenstadium weg. Die aus dem Ei schlüpfenden Tiere sind den erwachsenen bereits recht ähnlich, doch fehlen ihnen noch Flügel und Fortpflanzungsorgane. Sie wachsen und häuten sich mehrmals, zuletzt zeigen sie bereits Flügelansätze, wenn es sich um Fluginsekten handelt. Die letzte Häutung bringt dann meistens eine abrupte Veränderung zum erwachsenen, geflügelten, fortpflanzungsfähigen Insekt.

Bei vielen Insekten dauert das Larven- und Puppenstadium, der Ablauf der Metamorphose, Monate, bei einigen sogar Jahre. Das erwachsene Tier lebt nur Stunden, Tage, Wochen, in wenigen Fällen Monate. Doch jedes einzelne äußert auf seine Weise eine Vollendung, wenn auch alles unentwegt weiter unterwegs ist.

Hand in Hand mit der Vielfalt der Insektengestalt zeigt sich auch ein entsprechender Reichtum an gezieltem Gebaren, an meisterhaft beherrschten, hochkomplizierten Handlungsweisen. Insekten bauen sechseckige Behälter, formen runde Kugeln, legen raffinierte Fallen an, spinnen und verweben Seide, erzeugen Karton, brauen Honig und züchten Pilze. Ohne es jemals gelernt zu haben. Vom ersten Augenblick an ist ihnen die spezielle Tätigkeit vertraut, als hätten sie diese schon tausendfach geübt und zur Meisterschaft entwickelt. Beobachten wir einen soeben aus der Puppenhülle geschlüpften Falter. Er war bisher Ei, Larve, Puppe, noch nie besaß er einen Rüssel. Dennoch beherrscht er sofort das Strecken und Einrollen dieses Rüssels und übt es, kaum daß er den Körper aus der Hülle gezogen hat, und bei seinem ersten Blütenbesuch steckt er den Rüssel in die Blume und saugt, als hätte er sein Leben lang nur auf diese Weise Nahrung zu sich genommen. Er hat noch nicht erfahren, was Flügel sind, doch er bewegt sie, sobald sie erhärtet sind – nicht früher! –, auf die einzig richtige Weise, hebt seinen Körper ab und fliegt, als hätte er sich nie auf andere Art fortbewegt.

Wir wissen, jedes Tier lebt in einer eigenen Welt, in jenem Ausschnitt aus der Gesamtheit, den es mit seinen Sinnesorganen aufnehmen und dessen Eindrücke es weiterverarbeiten kann. Aus dem Wechselspiel zwischen dem Außerhalb und den eigenen Fähigkeiten baut sich sein Leben auf. In engem Rahmen oder straff geführt beim einen, beim anderen schleift der Zügel lockerer, bleibt doch noch die Möglichkeit, die Handlungsweisen mehr oder weniger zu variieren.

Bei manchen Raubinsekten kommt Kannibalismus vor, das bedeutet, daß sich Angehörige selbst der gleichen Art nicht als gleichartig erkennen können und beim Zusammentreffen der eine im anderen die Reaktion des Beutemachens auslöst, wie sie in derselben Situation auch jedes andere Tier dieser Größenordnung veranlassen würde. Bei Fangschrecken geht dies sogar so weit, daß das Weibchen nach der Paarung das Männchen fängt – wenn es nicht rechtzeitig das Weite suchen konnte – und es frißt. Vor der Arbeit des Eierlegens und des Anfertigens einer entsprechend umfangreichen Eihülle braucht das Weibchen eine kräftige Mahlzeit. Doch oft sitzen Fangschrecken stundenlang vergeblich auf Lauer, bis ein Insekt ihnen vor die Fangeisen gerät. Nach der Paarung ist das Weibchen aber angehalten, bald zur Eiablage zu kommen. So schlägt es zu und fängt das Männchen.

Es ist Herbst. Das Heidekraut ist schon abgeblüht und unansehnlich geworden. An den Berberitzensträuchern hängen nur noch geschrumpfte Beeren. Auf den Felsblöcken in der wilden Wiese liegt schon Pappellaub. Plötzlich bewegt sich auf einem dieser Blöcke ein Blatt. Es ist kein Blatt. Hochbeinig schreitet eine Fangschrecke, eine Mantis, über den Fels. Am langen, dünnen Blattstiel – der die Vorderbrust des Tieres ist – sitzt der kleine, dreieckige Kopf mit den grünen Augen und zwei fadendünne Fühler. Inmitten einer Flechteninsel verhält sie und beknabbert das rechte Vorderbein, holt die Fühler nacheinander zu den Mundwerkzeugen und putzt sie gewissenhaft.

Da schwirrt etwas, leicht raschelnd und hellgrün, heran und fällt auf das Felsenstück, auf dem das sich putzende Mantisweibchen hockt – ein Fangschrekkenmännchen!

Im gleichen Moment, da das zweite Tier landet, gibt die erste Mantis mit einem Ruck das Putzen auf. Steil hochgereckt, die scharf bedornten Vorderbeine vor ihrem Blattstiel-Leib zusammengefaltet, steht sie und rührt sich nicht. Der Kopf ist dem Ankömmling entgegengewandt. Die Fühler spielen ganz leicht, als bewegte sie ein Windhauch.

Gut drei Spannen vor ihr sitzt das Männchen, fingerlang wie sie, doch ein bedeutend schmaleres Blatt. Die weißgrünen, häutigen Flügel, mit deren Hilfe es raschelnd angeschwirrt kam, hat es gleich nach der Landung unter die Flügeldecken geschoben.

Sekundenlang starren die beiden einander an.

Die Erinnerung an wirbelnde Flüge der Weißlinge und an den verliebten Tanz zweier Schwalbenschwänze taucht auf. Dort Anmut und spielerisch werbender Tanz, hier starrende Augen.

Dann läuft das Männchen auf das Weibchen zu, hochbeinig und schnell, wie angezogen und willenlos. Und was in der Folge geschieht, rollt ab wie ein zu rasch laufender Film. Im übersetzten Tempo folgen die Szenen einander: Er läuft, sie rührt sich nicht. Als er ihr ganz nahe ist – zuckt sie ihm blitzschnell die dornbespickten Fangbeine entgegen!

Die Dornen ihrer Vorderbeine bohren sich in seine Flügeldecken, sie umklammert ihn, eine zugelaufene Beute, sonst nichts . . . Ihr kleiner dreieckiger Kopf fährt gegen seine Vorderbrust, sie nagt ihn an, sie frißt ihm Stücke aus dem lebendigen Leib, hungrig und raubtierhaft. Er windet den langen, schlanken Leib. Das freie Hinterbein bewegt sich. Die Fühler winken. Er hatte vom ersten Moment keine Chance.

Nach einer Weile ist vom Mantismännchen nur noch ein Stück Hinterleib übrig, an dem sie noch frißt. Was wird sie nachher unternehmen? Eier hat sie kaum abzulegen. Irgendwo liegen diese gewiß schon eingebettet in die schaumige erstarrte Masse der Oothek, vielleicht unter dem Felsstück, auf dessen Rücken nun die letzte Szene zu Ende geht.

Schließlich läßt das Weibchen die angezogenen vorderen, dornbewehrten Fangbeine sinken und beginnt sich sorgfältig zu reinigen. Ausgiebig beknabbert sie ihr Bein, zieht die Fühler durch die Mundwerkzeuge, hält einen Augenblick still, dreht den Kopf, als habe sie etwas erspäht, und beginnt sich abermals der Reinigung der Fangbeine hinzugeben.

Da fällt mir eine Bewegung schräg hinter der Mantis auf. Narrt mich meine Phantasie? – Drüben schiebt sich eine weitere Mantis über den Rand des Steines . . . Was wird jetzt geschehen? Woher kommt sie denn überhaupt? Hat ein Fußmarsch sie hergeführt? Vielleicht hat sie irgendwo in der Nähe ihre Oothek gebaut und mit Eiern beschickt, während hier das Drama abrollte, nun betritt sie, nach einer Ruhepause, ganz ahnungslos die Bühne.

Von der sich putzenden Mantis ist sie noch nicht entdeckt worden. Die widmet sich der Tarse des rechten Fangbeines. Unbekümmert bewegt sie sich. Das bemerkt die Neue. Fährt augenblicklich in die Fangstellung hoch und erstarrt. Die andere putzt weiter an sich.

Die Neue setzt langsam ein Bein vor das andere. Sie schleicht sich an, bei jedem Schritt nach vorn wippend, ein Lauscher, ein Jäger, ein Raubtier. Schräg von hinten nähert sie sich.

Mit einem blitzschnellen Sprung überwindet sie die letzte Entfernung! Ihre Arme umklammern das satte Weibchen, ihr dreieckiger Kopf fährt ihr an die Vorderbrust, knapp über der Ansatzstelle der Flügeldecken. Das gibt der Satten die Möglichkeit, ihrerseits ein Bein der Angreiferin zu erwischen und anzubeißen! Sie frißt es Stück für Stück über das erste Glied hinauf, während die andere ungestört ihr ein rasch wachsendes Loch in den Körper nagt. Dreiviertel des Beins sind verloren, da gelingt es der Neuen, die Satte besser in den Griff zu bekommen, sie beißt die Vorderbrust durch, der Rest mit dem Kopf fällt auf den Stein. Das Schicksal der Satten ist nun besiegelt. Doch das erspart der Siegerin die Mühe nicht ganz. Die intakt gebliebenen Beine der kopflosen Mantis stemmen sich mit aller Kraft gegen sie! Das geht über den Rahmen von Reflexbewegungen weit hinaus. Wo sitzt im kopflosen Tier die Steuerung?

Im Laufe von zwei Stunden frißt die Neue die besiegte Mantis bis auf unbedeutende Reste auf. Zwei Beine, der Kopf, ein Stück Hinterleib liegen auf dem Stein, bis der nächste Windstoß sie von der Bühne fegen wird.

Wo es im Leben des Tieres um Ereignisse geht, die über das Dasein des einzelnen hinausgreifen, wie vor allem um die Erhaltung der Art, unterliegen die diesbezüglichen Verhaltensweisen einer solch strengen Regelung, daß nichts das Tier zum Ausbrechen veranlassen kann. Ausgeklügelte Wechselfolgen bestimmter Signale aus der Umwelt und gebundene Reaktionen von seiten des Tieres steuern den Verlauf solcher Handlungen, die offensichtlich dem Tier so und nicht anders vorgeschrieben sind. Durch zahlreiche Experimente haben wir bereits recht genaue Einblicke in solche Situationen gewinnen können, und immer wieder ist man erstaunt, wie präzise oft einfache Schemata hochkomplizierte Handlungen des Tieres auslösen können. Reibungslos läuft die Tätigkeit ab bis zu dem Augenblick, da ein neuer Anstoß fällig wird. Ist er erfolgt, reagiert das Tier in vorbestimmter Weise, bis ein neuerliches Stichwort die folgende Reaktion auszulösen hat. Es ist ein dauerndes Wechselspiel zwischen Umwelt und Geschöpf. Im großen gesehen ein weites Spiel mit gegenwärtig festgesetzt erscheinenden Formen und Inhalten, die sich jedoch unmerklich verschieben, ein Spiel, von dem wir immer nur Teile registrieren und nur die Phase überblicken können, in der der Jahrmillionen umfassende Ablauf sich eben jetzt, in unserer Weltsekunde, befindet.

Eine Wildnis junger Sanddornbüsche durchwächst eine Mulde. Vor einem Sandplatz, zwei bis drei Quadratmeter groß, stockt mein Fuß; Ammophila-Wespen bauen hier ihre Kinderstuben! Ich nehme die ganze Rastlosigkeit in Augenschein: Fünfzehn Grabwespen zähle ich, schlanke, schwarz bis auf den braunroten Teil ihres Hinterleibes, um die Taille so strichdünn, daß man darüber den Kopf schütteln müßte, mit gläsernen Flügeln und langen Beinen. Vorn, am runden Kopf mit den großen Augen, tasten und zittern nervös lange Fühler.

Auf den ersten Blick sieht es aus, als hätten die Wespen miteinander zu tun. Doch das scheint nur so. Sie bekümmern sich in Wahrheit so wenig umeinander wie Nachbarn in einer Großstadt. Jede gräbt und baut an ihrem Loch im Sand, in gebührlichem Abstand von den anderen; jede lebt für sich und ist dennoch nicht allein.

Faszinierend ist ihre Eile! Die meisten stecken kopfunter in Löchern. Von der nächsten vor mir ist nicht mehr zu sehen als der gestreckte, spindelige, aufrechte Hinterleib.

Plötzlich taucht auch ihr Vorderleib mit einem Ruck aus dem Loch heraus. Sie wendet sich, zuckt mit den gläsernen Flügeln, die Fühler tasten den Boden ab. Sie ist eilig und hat keine Zeit zu verlieren. Sie packt mit den Kiefern ein Steinchen und fährt damit wieder kopfunter ins Loch. Sie arbeitet unten, sie hämmert und drückt mit dem Kopf, daß der sichtbare Hinterleib unentwegt auf- und niederhüpft. Wieder raus, ohne Zeit zu verlieren. Sie dreht sich um und scharrt wie ein Hund, daß der Sand in das Loch stiebt! Also verschließt sie das Nest, die senkrechte Röhre mit der Höhle am Grund. Hat sie eine Raupe eingebracht, die sie mit Stichen gelähmt und herbeigeschleppt hat, und nun legte sie ein Ei an sie, unten in der Höhle, und ist daran, die Haustür einbruchsicher zu schließen?

Sie tastet ruckend über den Boden, nimmt ein Steinchen auf, rennt zum Loch, doch es paßt nicht in der Größe. Sie läßt es liegen, nimmt ein anderes auf. Das paßt nun, scheint's nach Maß. Kopfunter ins Loch samt dem Stein. Dann wieder heraus. Tasten und Suchen und rein ins Loch. Sie hämmert im Kopfstand heftig herum, die Beine verspreizt und mit wippendem Hinterleib. Dann holt sie wählerisch das nächste Steinchen.

So geht das weiter, und je länger sie werkt, desto weniger von ihr verschwindet im Loch. Dann und wann unterbricht sie sich und scharrt spritzend den Sand darüber. Schließlich ist der Gang aufgefüllt, das Loch geschlossen. Doch Ammophila ist nicht leichtfertig. Sie rennt über den Sand, der den Zugang zu ihrem Nest deckt, scharrt, tastet, fegt, hämmert und drückt mit dem Kopf. Ich kann längst nicht mehr unterscheiden, wo das Loch war, aber sie läuft immer noch tastend über den Boden, hält an, spritzt eine Ladung Sand hinter sich, scharrt ein wenig und hämmert fest. Schließlich fliegt sie auf. Aber im nächsten Augenblick ist sie wieder da und benimmt sich wie einer, der nicht sicher ist, ob er die Haustür hinter sich abgeschlossen hat. Sie tastet erregt mit den langen Fühlern, fegt und scharrt noch ein wenig, gibt sich endlich zufrieden, fliegt hoch und kommt nicht mehr zurück.

Auf eine noch offensichtlichere und eindrücklichere Weise äußert sich das Wunder des Instinktes im Insektenstaat. Hier tritt neben der ganz speziellen Tätigkeit des einzelnen auch noch ein Für- und Miteinander ganz klar vor Augen. Soziale Insekten leben nicht nur nebeneinander und fördern sich gegenseitig, indem jeder so lebt, wie es ihm seine Ausstattung vorschreibt und möglich macht, sie erkennen sich auch als Angehörige des gemeinsamen Nestes und verkehren durch Signale und Zeichen miteinander, können also in gewissen Grenzen ihre Handlungen untereinander abstimmen. Eine Hauptrolle beim Erkennen spielt der Nestgeruch, den die Tiere mit Sinnesorganen der Fühler aufnehmen. Auch als Verständigungsmittel wird Duft eingesetzt, körpereigener Geruch, Blütenduft u.ä. Ameisen «sprechen» vorwiegend eine Fühlersprache, indem sie bestimmte Signale klopfen, streicheln oder trillern. Hochdifferenzierte Sprachen haben die Honigbienen und einige Wespen entwickelt, bei denen bestimmte «Tänze» bedeutsam sind.

Manche Insektenstaaten erwecken den Eindruck, als stünde man einem einzigen merkwürdigen Lebewesen gegenüber, das mit höchster Präzision und unbeirrbar ein bestimmtes Ziel verfolgt, und man kann sich einer aufsteigenden Beklemmung kaum erwehren.

Das erstemal begegneten wir den Blattschneiderameisen mitten in einer brasilianischen Großstadt. Wir bogen in eine Straße ein und standen vor der Prozession. Sie bewegte sich eilig, kam die gartenbegrenzende Mauer senkrecht herab, überquerte den Gehsteig und versickerte in einem klaffenden Spalt im Beton, den Baumwurzeln aufgedrückt hatten. Es war eine Prozession ohne Ende. Sie bestand aus winkenden, kleinen Blattstückchen, die dicht am Boden, eng an der Mauer dahinliefen, aber jeder, der sie sah, wußte, daß nicht die Blattstückchen liefen, sondern daß Blattschneiderameisen am Werke waren. Solche Prozessionen gibt es Tausende im Land; in der Stadt, in den Gärten, auf dem Camp oder in den Pflanzungen, überall. Hier begann sie in einem Zitronenbaum, der jenseits der Mauer stand. Von ihm kam alles, was Blattstückchen trug. Genauer besehen, bestand die Prozession aus zwei Gegenzügen, einem braunen und einem grünen Zug. Der braune setzte sich aus Ameisen zusammen, die mit leeren Scheren aus dem Spalt im Beton kamen und zum Zitronenbaum liefen. Dort kletterten sie hurtig den Stamm und die Äste hinauf, verteilten sich im Laub und schnitten flink mit den großen Scheren kurvige Stücke aus dem Blattwerk heraus. Damit beluden sie sich, indem sie die Stücke mit den Scheren faßten und sie wie Fahnen über sich hielten. Geschäftig eilten sie stammabwärts und gartenhinaus. Das war dann der grüne Zug der Prozession. In Abständen hielten Soldaten Wache, Ameisen mit mächtigen Köpfen und überdimensionierten Zangen.

Am Tag darauf war der Zitronenbaum kahl. Nicht ein einziges Blatt hatten sie übersehen. Nun schnitten sie, unbeirrbar und flink, die Rosenbüsche leer, Blätter und Blüten, wie es kam.

Es wäre anzunehmen, daß die Blattschneiderameisen Blätter fressen. Doch dem ist nicht so. Sie tragen das Laubwerk in ihren unterirdischen Bau ein, ein weitverzweigtes System aus Röhren und Höhlen, und überlassen es dort spezialisierten Gärtnern, Ameisen, die sich auch in Größe und Gestalt von Soldaten und Blattschneidern unterscheiden. Die Gärtner zerkleinern, zerkauen und düngen das eingebrachte Laub und züchten mit Hilfe dieser Masse besondere Pilze. Die ersten Pilzfäden für jeden Bau bringt die Königin aus ihrem Stammbau mit. Aber auch diese Pilze sind noch nicht die Nahrung der Blattschneiderameisen. Durch Zerbeißen der Mycelfäden veranlassen die Gärtnerameisen den Pilz, kleine Sporenträger hervorzubringen, die man als Ambrosia oder «Kohlrabi» bezeichnet. Erst diese Pilzkohlrabi stellen die Nahrung der Ameisen dar. Die ganze Bewohnerschaft lebt ausschließlich von diesem Pilzgemüse, das auf den Komposthaufen eingetragener Blattmassen herangezogen wird, die immer wieder erneuert werden müssen. Das erklärt die unermüdliche Tätigkeit der Blattschneiderkolonnen, und es erklärt auch, warum unentwegt Bäume, Sträucher, ganze Pflanzungen entblättert werden. Übrigens sind die Gärtnerkünste dieser Ameisen so speziell, daß von ihnen gezogene Pilze ausschließlich in ihren Pilzgärten gedeihen!

Zu bestimmter Zeit entlassen auch die Bauten der Blattschneiderameisen geflügelte Geschlechtstiere. Die Weibchen, die künftigen Königinnen, sind wesentlich größer und kräftiger als die Männchen, und manche Arten, z.B. die Saúvas, schwärmen meist in außerordentlich großer Zahl. Dann ist für Eidechsen und Vögel ein reicher Tisch gedeckt. Saúvaweibchen sind etwa hummelgroß, und in manchen Gegenden gilt die «Içá» als Leckerbissen, wie es anderswo Weinbergschnecken und Froschschenkel sind.

Die weite Verbreitung der Insekten über nahezu alle Lebensgebiete der Erde hat nicht nur den enormen Reichtum an Lebensweisen und Gestalten zur Folge gehabt, wie er sich heute zeigt, sie hat auch mit sich gebracht, daß Insekten dementsprechend viele Rollen im Zusammenwirken aller Lebewesen zu spielen haben. Die bedeutendsten ergeben sich zweifellos aus ihren Wechselbeziehungen zu den Pflanzen. Ein unüberschaubares Heer von Insekten saugt, leckt, sägt, nagt, knabbert, bohrt und kaut an Blüten, Blättern, Holz und Wurzeln. Um letztlich auf die mannigfaltigste Weise den Blüten zum Bestäuber zu werden und damit den Pflanzen, an denen ihr eigenes Leben hängt, die Zukunft sichern zu helfen.

Das Ei einer Florfliege. Dieses überaus zarte Gebilde mißt weniger als 1 mm in der Länge und ist mittels eines haarfeinen Stielchens an der Oberseite eines Blattes angeheftet.

Unten:
Brasilianischer Rüsselkäfer. Der oft sehr auffällige «Rüssel» solcher Käfer ist kein Rüssel im eigentlichen Sinn, sondern das für diese Käferfamilie typische «verlängerte Gesicht».

Sandlaufkäfer sind mit etwa 1500 Arten namentlich in warmen Ländern weit verbreitet. Man sieht ihnen an, daß sie außerordentlich flinke Läufer und tüchtige Jäger sind. Ihre wunderschönen, verschieden gefärbt und gezeichneten Flügeldecken weisen metallischen Glanz auf.

Pärchen des Feldsandläufers.

Links:
Rüsselkäfer-Pärchen an einem Weidenblatt.

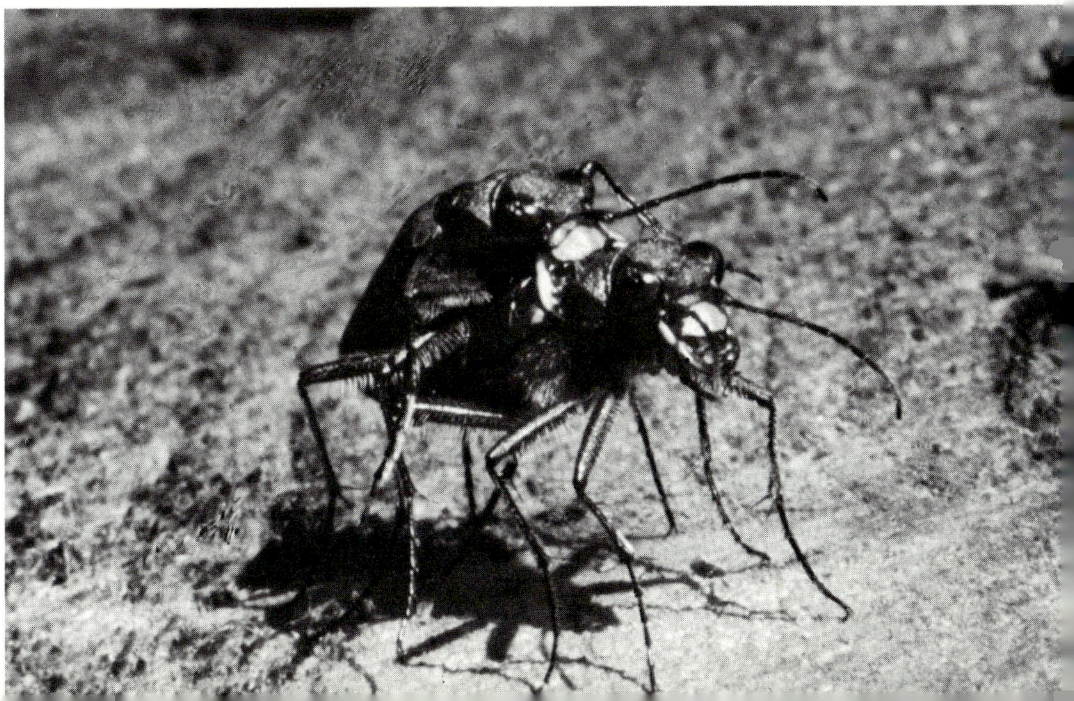

Bienenwolf auf einer Margarite. Diese auffallenden Käfer werden zu den Buntkäfern gezählt, die in etwa 3000 Arten verbreitet sind. Diese Art heißt Bienenwolf, da ihre Larven in Bienennester eindringen.

Rechts:
Die extreme Nahaufnahme zeigt die feine Durchbildung und die dichte seitliche Behaarung der prächtig gefärbten Flügeldecken des Bienenwolfes.

66

Dieser etwa 2 cm lange Käfer ist ein Vertreter der fast über die gesamte Erde verbreiteten Familie der Bockkäfer. Charakteristisch sind die langen Fühler, die bei Männchen mancher Arten die mehrfache Körperlänge aufweisen können!

Rechts:
In bezug auf Gestalt, Färbung und Zeichnung weisen Bockkäfer eine außerordentlichen Reichtum auf. Wenn man an diesem südamerikanischen Bockkäfer sieht, werden selbst die langen Fühler in manchen Fällen mit Haarbüscheln und Borsten besetzt, die bestimmte Funktionen zu erfüllen haben.

Fliegender brasilianischer Bockkäfer.

Rechts:
Wahrlich abenteuerliche Gestalten finden wir in der großen Käferfamilie der Skarabäen. Manche Arten weisen groteske Hörner, Schaufeln, Spieße und andere Fortsätze auf, die ihnen auch bei ihren Grabarbeiten behilflich sind. Der abgebildete, etwa 6 cm lange, massige südamerikanische Dungkäfer entfaltet beim Graben große Geschicklichkeit und ein verblüffendes Tempo. Skarabäen legen ihre Eier an Exkrementen ab, die sie vergraben, zu Kugeln formen oder auf sonstige Weise verarbeiten.

Links:
Schlüpfender Marienkäfer. Nach Beendigung der Larven- und Puppenzeit verläßt der Marienkäfer weißlich und mit noch weichen Flügeldecken seine Puppenhülle, die man als dunkles Bündel auf dem Bild sieht. Erst allmählich erhärtet seine Außenpanzerung, und im gleichen Maße dunkeln auch die zunächst gelben Flügeldecken nach, werden rot, und die schwarzen Punkte erscheinen. Eine Weile ruht er mit gestreckten häutigen Flügeln, ehe er sie zusammenfaltet und unter die bunten Flügeldecken versorgt. Bis zu seiner vollen Ausfärbung vergehen einige Stunden.

Keine hübschen, bunten Käfer, sondern junge Blattwanzen, die sich an Geißblatt gütlich tun.

Blattwanzen beginnen als winzige Elkugeln ihr Leben. Aus den Eiern schlüpfen kleine Larven (rechts oben), die den erwachsenen Tieren ähnlich sind. Bald häuten sie sich (links), dunkeln merklich nach und beginnen auseinander zu wandern (rechts unten).

Rechts:
Manche Wanzen, wie diese brasilianische, tragen in der Jugend ein sehr buntes Kleid, Erwachsen besitzt diese dann Flügel, und ihr Kleid ist dunkel und unauffällig.

Zikaden sind ausschließlich Pflanzensauger. Besonders groteske Formen finden sich unter den Buckelzirpen. Die abgebildeten brasilianischen sind wenige Millimeter klein, die beiden großen (Mitte) stehen knapp vor der Häutung. Auf dem kleinen Bild rechts hat eine kleine Buckelzirpe derselben Art bereits die Erwachsenengestalt erreicht.

Viele Wanzen ernähren sich ausschließlich von Pflanzensäften. Andere machen Jagd auf Läuse, Käfer u. a. kleine Tiere, wobei ihnen oft besondere Fangapparate zuhilfe kommen. Sie stechen ihre Beute mit dem Rüssel an – wie hier die Raubwanze einen Marienkäfer – und saugen sie aus.

Rechts:
Zwei europäische, 7 mm kleine Dornzikaden saugen an einem Pflanzenstengel.

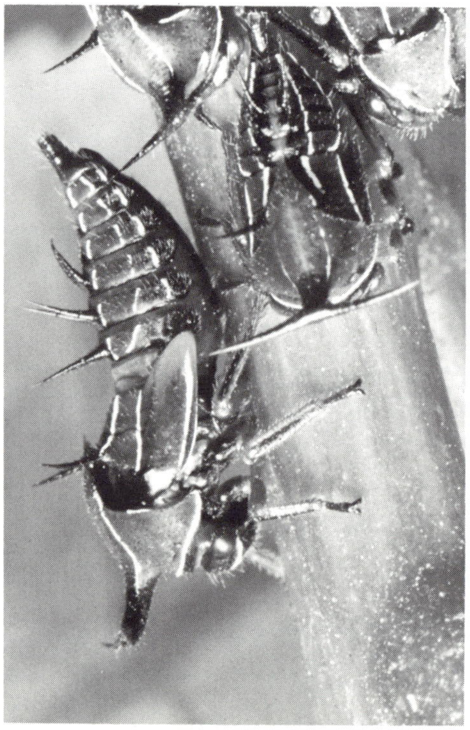

Eine 8 mm große brasilianische Buckelzirpe: ein kleiner Körper, den durchsichtige Flügel weit überragen und ein absonderlicher «Helm».

Die Großaufnahme des Zikadenkopfes rückt uns ein fremdes, fast unheimliches Tier vor den Blick. Starre, runde Augen sitzen im seltsamen Kopf, der derbe Rüssel ist ins Pflanzenfleisch versenkt. Über dem gedrungenen Körper der Zikade liegen die gläsern durchscheinenden Flügel wie ein kostbarer Spitzenüberwurf.

Rechts:
Eine kleine Laubschrecken-Larve frißt an einer Distelblüte. Charakteristisch für Laubschrecken sind ihre langen, fadendünnen Fühler.

Fangschrecken oder Mantiden sind sehr merkwürdige Insekten. Winzig schlüpfen sie kopfunter aus dem Eikokon, der «Oothek», an einer bestimmten Stelle, die wie ein Reißverschluß aussieht. Zunächst gleichen sie grazilen kleinen Glastierchen, viele überleben ihre ersten Lebenstage nicht.

Rechts:
Fangschrecken sind in warmen und tropischen Ländern weit verbreitet und haben die absonderlichsten Gestalten. Die abgebildete südamerikanische Fangschrecken-Larve ist etwa 3 cm groß und wendet uns ihr aufgerichtetes Hinterteil zu. Der Kopf trägt große Augen, stabile Fühler, und die besonders gestalteten Vorderbeine sind zusammengelegt.

78

Solange diese brasilianische Mantis reglos im Strauch sitzt, ist sie unsichtbar: Körper und Beine sind dornige Ästchen, die Flügeldecken ein schmales Blatt. Doch ihre großen Augen blicken aufmerksam, und die wie Schlageisen geformten Vorderbeine sind schlagbereit gefaltet.

Auch in einzelnen warmen Gebieten Mitteleuropas kommen Fangschrecken vor; sie sind einheitlich grün gefärbt. Mantiden sind Kannibalen, bei Begegnung erkennen sie den Artgenossen nicht und betrachten ihn als Beute. Häufig frißt das Weibchen nach der Paarung das Männchen.

Bereits als Larven – sie besitzen noch keine Flügel – sind Fangschrecken passionierte und erfolgreiche Jäger. Diese zierliche Kleine hat eine Fliege gefangen und verzehrt sie.

79

Brasilianische Wespen auf ihrer offenen Wabe.

Unten:
In den Zellen wächst die Brut heran. Zuletzt füllt die fast fertig entwickelte Wespe die Zelle nahezu aus.

Unten links:
Wie viele Wespen zeigt auch die Vespa germanica besondere Vorliebe für süße Früchte.

Rechts:
Polistes-Wespen bauen ihre offenen Waben aus zerkautem Holz oder Papier an Steine, Holzzäune und ähnliche Stellen.

Links:
Die etwa 5 mm kleinen südamerikanischen stachellosen Honigbienen der Gattung Melipona haben den Eingang zu ihrem hinter einer Mauerspalte liegenden Nest zu einem Wachstrichter ausgezogen.

Eine Honigbiene hat Blüten des Helmknabenkrautes besucht und eine Anzahl der bestielten Pollinien an den Kopf geklebt bekommen.

Am frühen Morgen sind Hummeln von der Nachtkühle starr und noch nicht zum Fliegen bereit. Gestört, nehmen sie ruckartig eine Abwehrstellung ein.

83

Die Blattschneider-Ameisen bilden in Brasilien große Völker, die in weit verzweigten unterirdischen Bauten leben. Jedes Volk weist verschiedene Kasten auf, deren Tiere ihrer Aufgabe entsprechend gestaltet sind. – Großköpfige, mit kräftigen Zangen bewehrte Soldaten bewachen die ziehenden Ameisenkolonnen.

Rechts:
Die «Sauva»-Königin übertrifft selbst die größten Ameisen ihres Volkes bei weitem an Körpergröße. Diese rüstet sich zum Hochzeitsflug.

Blattschneider-Ameise aus der Kaste der Arbeiter.

Kopf einer Blattschneiderin mit den kräftigen Zangen, mit deren Hilfe die Tiere rasch und sicher Bäume und Sträucher entblättern.

Rechts außen:
Pausenlos zerschneiden die Saúva-Ameisen Blatt um Blatt und tragen die Stücke in ihre unterirdischen Bauten ein.

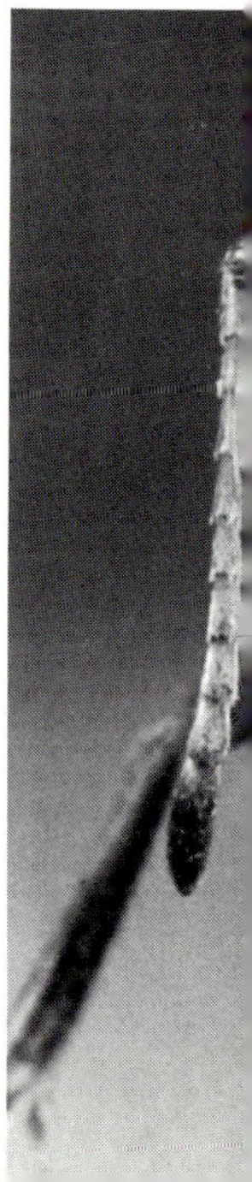

Die libellenähnliche Ameisenjungfer entwickelt sich aus dem Ameisenlöwen – der Larve –, der im lockeren Sand kleine Trichter baut, in denen er Ameisen und andere kleine Tiere fängt.

Rechts:
Portrait der Ameisenjungfer. Auffallend sind die großen, kugeligen Facettenaugen und die steil hochgereckten Fühler.

88

Kopf einer Libelle. Libellen sind Augentiere; sie fangen ihre Beute im Flug. Den Hauptteil des Kopfes nehmen denn auch die großen Augen ein, die sich aus bis 28 000 Einzelaugen aufbauen! Oben an der Stirn sitzen Stirnaugen, lichtempfindliche Organe mit ganz bestimmten Funktionen.

Kopf einer brasilianischen Libelle, die den Schlankjungfern nahesteht.

Kleine, bunte südamerikanische Pflanzengrille. Diese Tierchen sind ungemein scheu und huschen bei Annäherung blitzschnell auf die Unterseite des Blattes.

Eine süditalienische Grille zirpt vor ihrem Loch.

Es lohnt, die Augen unserer verschiedenen heimischen Bremsen, der blutsaugenden Quälgeister, mit der Lupe zu betrachten! Bei den verschiedenen Arten weisen die großen Facettenaugen unterschiedliche Färbung auf. Jedoch besitzt nur das lebende Tier diese herrlichen bunten Augen. Beim toten Tier werden die Augen schwarz.

91

92

Facetten-Auge der kleinen grauen Regenbremse.
Es mißt etwa 1 mm.

Schmetterlinge: Wunder der Metamorphose

Wie alle Insekten leben auch Schmetterlinge die längste Zeit ihres Lebens inkognito, zumindest für uns. Auch sie durchlaufen eine Metamorphose, eine mehrfache Verwandlung, und meist erkennen wir sie erst als Falter, als erwachsenes Tier. Entzückt folgt dann unser Blick ihren anmutigen Flügen, wenn sie über die Wiese tänzeln, graziös den blühenden Busch umgaukeln oder eilig vorüberziehen, als folgten sie einem Ruf, den nur sie vernehmen können. Über ihre Flügel, deren Vielfalt nicht auszudenken ist, sind alle Farben des Regenbogens ausgegossen. Doch immer wirkt selbst die gewagteste Nachbarschaft starker Farben auf ihren Flügeln harmonisch und schön.

Aber nicht nur bei den erwachsenen Schmetterlingen zeigt sich diese Fülle von Farben und Formen der Gestalten und ein Reichtum an Verhaltensweisen. Während bei den anderen Insekten Larve und Puppe als die Vorstadien des erwachsenen Tieres – des Käfers, der Wespe, der Fliege – mit einer gewissen Sachlichkeit und Zweckmäßigkeit geformt und ausgestattet erscheinen, zeigt der Schmetterling auch als Raupe eine Fülle von Erscheinungsformen, wie sie sonst nirgends in der Insektenwelt zu finden ist.

Als Ei beginnt das Schmetterlingsleben. In den meisten Fällen wird dieses Ei vom Falterweibchen an die bestimmte Futterpflanze der künftigen Raupe gesetzt, je nach der Art einzeln, in Grüppchen, in Haufen, auch ringförmig um Zweige oder als Türmchen übereinander gebaut. Meist sind diese freisitzenden Eier unscheinbar gefärbt, grünlich, weißlich, leicht ocker getönt. Doch wenn wir sie durch eine Lupe ansehen, wird offenbar, daß sie winzige Meisterwerke sind, stecknadelkopfgroß oder noch kleiner. Häufige einfache Formen sind rund und glatt, wie schimmernde Perlen, andere sind von Pol zu Pol mit Rillen versehen oder rundum gleichmäßig und mit feinen Haaren besetzt. Sie sind spindelig ausgezogen und von einem Netzwerk aus feinen Rillen und Furchen überzogen, flaschenartig geformt, flach wie Scheiben und genarbt, winzige Tönnchen und Teller und Gugelhupfformen. Wie geschaffen von spielerischer Phantasie und immer typisch für Gattung oder Art.

Wenn die Schale dieses überaus zierlichen Gebildes durchscheinend oder durchsichtig ist, dringt die fortschreitende Entwicklung des Embryos als Verfärben des Eies nach außen. Das grünliche Weiß einer kleinen Eikugel verwandelt sich in ein Orangegelb, und dieses verfärbt sich allmählich zu Grau. Andere gelbliche Kugeln werden nach wenigen Tagen orangerot, und ein dunkler Äquatorring entsteht. Eine aufrecht stehende Eispindel verwandelt ebenfalls das anfängliche Grün in ein leuchtendes Orange, das schließlich aus der oberen Spitze zurückzuweichen beginnt und dunkle Inseln eingelagert erhält. Doch die Eier, in deren verhältnismäßig dikken Schalen Farbstoffe eingebettet sind, geben nach außen keine Nachricht vom Fortgang der Entwicklung im Inneren. Scheinbar unverändert sitzen sie an der Pflanze bis zu dem Augenblick, da das fertige Räupchen sich zu befreien beginnt.

Dunkelkaffeebraun und fast kugelrund waren die Gabelschwanzeier auf dem Pappelblatt. Auch sie verfärben sich nicht, und man konnte nicht sagen, wann die Entwicklung, die sich unsichtbar, doch nach festgesetzten Regeln in ihnen vollzog, abgeschlossen sein würde. Eines Morgens nahmen wir unweit des leicht eingedellten Eipoles den Schatten einer Bewegung wahr. Dann war ein kleines Loch entstanden, und man konnte durch die Lupe sehen, daß sich am Rand des langsam wachsenden Lochs winzige Mundwerkzeuge bewegten. Unentwegt nagten sie, hin und her, ohne Pause. Als müßte das kleine Tier nun, da es endlich soweit war, seinen Auszug in einer Rekordzeit schaffen. Plötzlich drängt sich ein verhältnismäßig großes schwarzes Raupenköpfchen aus dem eben knapp passenden Loch. Merkwürdige rote «Ohren» sitzen an ihm, und ein langer, schmaler, schwarzer Raupenkörper folgt. Zuletzt zieht die schlüpfende Raupe wie eine Schleppe eine lange rote Schwanzgabel heraus, tut noch ein paar Schritte auf dem Pappelblatt und sitzt dann ruhig, wie erleichtert und etwas erstaunt. Den roten Gabelschwanz hält sie steil hochgereckt. Ganz langsam verändern sich die roten «Ohren», indem sich aus jedem der Öhrchen ein roter, dorniger Zapfen schiebt. Mit winzigen Stummelbeinen wandert das kleine Tier von der Eischale fort. Es frißt sie nicht, wie dies eben geschlüpfte Raupen häufig tun. Im Laufe des ersten Ganges verkürzt sich der Gabelschwanz, die Enden ziehen sich ein. Nach einer halben Stunde ist alles Rot am Räupchen verschwunden, ist nachgeschwärzt. Dann fängt es an, die oberste Schicht des Blattes in kleinen Flächen abzunagen. Damit hat es seine Lebensaufgabe angenommen.

Fast an allen Gewächsen der Erde fressen Raupen, gleichgültig, ob sie zart oder derb, wohlschmeckend oder giftig sind. Raupen nagen an Blättern und Stengeln, Knospen und Blüten, selbst in Rinde und Holz. Doch beileibe nicht wahllos. Manche fressen wohl an verschiedenen Pflanzen, und etliche Arten wechseln auch, ist die eine nicht verfügbar, auf eine andere über. Viele nehmen dagegen nur Pflanzen bestimmter Gruppen an, z.B. nur Leguminosen, nur Kreuzblütler oder ausschließlich bestimmte Rosengewächse. Nicht wenige sind sogar auf die einzige Pflanzenart so eingespielt, daß sie verhungern, wenn ein Unglücksfall sie von ihrer Futterpflanze entfernt. Raupen verhungern überhaupt relativ rasch. Fasten liegt ihnen nicht, und das ist verständlich, ist doch Fressen ihr Lebenszweck, für den sie voll und ganz eingerichtet sind.

Die Raupe ist die Jugendgestalt des Schmetterlings, d.h., in der Zeit, in welcher der Falter heranwächst, besitzt er eine dafür besonders geeignete Gestalt, ist er Raupe. Ist sein Wachstum beendet, verwandelt er sich dann abermals und nimmt wieder eine Gestalt an, die der Umstellung, die daraufhin fällig ist, gerecht werden kann: er wird zur Puppe. Die Raupe wächst also vom winzigen Tier, das aus der Eischale kroch, zu oft stattlicher Größe heran. Meist wächst sie recht schnell, denn sie frißt sehr viel. Unentwegt kauen die Mundwerkzeuge, sie legt nur kleine Pausen ein. Raupen mancher Arten fressen allerdings nur tagsüber oder nur nachts. Die längste Zeit bis zum Erwachsensein benötigen naturgemäß jene, die in Holz oder ähnlichen Stoffen nagen, die weniger nahrhaft sind. Bei manchen solchen Arten dauert es Jahre, bis sie fertig entwickelt sind und genügend gespeichert haben, um zur Verpuppung schreiten zu können.

Alle Raupen – wie überhaupt alle Larven – besitzen dieselbe mehr oder weniger walzenförmige, einfach gebaute Grundgestalt. Diese ist in regelmäßigen Abständen leicht eingeschnürt, sie gliedert sich in Segmente. Vorn sitzt der Kopf, eine nahezu kugelige Kapsel, in die seitlich insgesamt sechs punktförmige Einzelaugen eingelassen sind. Raupen können nicht viel mehr als Hell und Dunkel unterscheiden, das genügt auch für sie. Mit Hilfe der kurzen Fühler vorn am Kopf tasten sie sich an die Nahrung heran. Die Mundwerkzeuge enthalten vor allem sehr kräftige Kiefer, mit denen das Tier schneidet und nagt, und Organe des Tast- und Geschmackssinnes, die ihm beim Erkennen der speziellen Nahrung behilflich sind. An der Unterlippe liegt eine Öffnung, durch die ein Sekret austreten kann, das von den beiden oft mächtig entwickelten Spinndrüsen erzeugt wird. Durch feine Poren ausgepreßt, erhärtet es an der Luft rasch zu einem Seidenfaden, der im Leben der Raupen eine große, jedoch verschieden geartete Rolle spielt.

An den drei Segmenten des Brustabschnittes setzt je ein Paar kurzer Beine an, die in Klauen enden. Aus ihnen entwickeln sich später die Beine des Schmetterlings. Die Raupe selbst gebraucht sie nicht zur Fortbewegung, sondern vor allem zum Heranziehen und Festhalten der Nahrung. Ihre Gehwerkzeuge sind in der Regel die fünf Paar Stummelbeine, die ihrem Hinterleib entwachsen. Der innere Bau des Raupenkörpers ist so zweckentsprechend wie seine Werkzeuggestalt. Einen beträchtlichen Raum nimmt der Verdauungsapparat ein. Beiderseits des Darmes liegen die häufig recht umfangreichen Spinndrüsen. Das Atmungssystem mündet in feinen Öffnungen nach außen, die seitlich an den Körpersegmenten liegen.

Da Raupen, als den Insekten zugehörig, kein Skelett, sondern statt dessen eine stützende Außenhaut aufweisen, die nicht mit ihnen mitwächst, müssen sie sich häuten. Solche Häutungen sind auch für Raupen Krisenzeiten, denn nicht nur hängt ihr weiteres Leben davon ab, daß der Hautwechsel reibungslos vor sich geht, zudem sind sie in diesen Tagen bewegungslos und zu keiner besonderen Reaktion nach außen hin fähig. Deshalb suchen sie auch, geführt vom Instinkt, geschützte Plätze auf und spinnen, wenn sie frei an Pflanzen leben, ein Seidenkissen, in dem sie ihre Beine verankern. So kann nichts sie herunterschütteln. Man erkennt ihren Zustand an der starren, zusammengedrückten Haltung und daran, daß vorn die Kopfkapsel vorgeschoben ist; ihr Kopf ist darunter von einer neuen umhüllt. So hockt die Raupe ein, zwei Tage lang. Dann ist es soweit. Plötzlich streckt sie sich. Sinkt wieder zusammen. Fährt abermals hoch. Das wiederholt sich mehrmals, und die Körperhaut schiebt sich dabei zusehends am hinteren Ende in Falten. Mit einemmal, während sie sich wieder aufgebäumt hat, reißt im Nacken die straff anliegende Haut. Unter immerwährendem Strecken und Drängen vergrößert sich der Riß rasch, und die abzustreifende Haut wird nach hinten geschoben. Neu eingekleidet, mit einer etwas zu großen, zum Hineinwachsen berechneten Haut, sitzt schließlich die Raupe eine Weile ruhig, bis auch die neuen Mundwerkzeuge erhärtet und damit gebrauchsfähig sind. Dann wendet sie sich meist . . . und frißt ihre alte Raupenhaut auf. Danach hält sie sich nicht weiter auf, holt das nächste Blatt ihrer Fraßpflanze zu sich her und nagt tiefe Buchten hinein.

Schon an der winzigen Raupe, die eben das Ei verlassen hat, zeigt sich häufig die – man ist versucht zu sagen: Gestaltungsfreude, mit der diese Tiere ausstaffiert worden sind. Es genügte ein Kopf, ein langer Walzenleib und Stummelbeine. Doch die kleine Gabelschwanzraupe vor uns trug ein rußschwarzes Kleid, mit feinen Borsten besetzt, dornige Walzen oben auf dem Kopf und einen steil aufgereckten Gabelschwanz. Andere neugeborene Raupen tragen winzige bunte Kugeln am Leib, zierliche Stachelbäumchen, Kronen aus farbigen Zapfen und Dornen, oder ihr strichdünner Körper ist von bunten Streifen überzogen oder mit Ringen geziert. Manche Raupen tragen nach der Häutung ein so andersartiges Kleid, daß man sie nie wiedererkennen würde, hätte man nicht die unglaubliche Verwandlung mit eigenen Augen mitangesehen.

In form- und farbenreicher Maskerade zeigen sie sich. Keine Möglichkeit und kein Ansatzpunkt, den ihre Grundgestalt bietet, wird nicht dafür genützt. Bei gewissen südamerikanischen Nymphalidenraupen ist die Kopfkapsel in fein abgestimmten Brauntönungen gefärbt, die Außenkontur ist dunkel nachgezogen, und rundum der Wölbung nach sitzen bedornte Fortsätze, eine Krone markierend. Der Kopf unserer Schillerfalterraupe ist zu langen Hörnern ausgezogen, auf denen schwarze Lackpunkte wie Knopfaugen sitzen. Papilionidenraupen stülpen bei Berührung grellgefärbte Nackengabeln aus. Auf die vielfältigste Weise ist der lange Leib geschmückt. Bei Automerisraupen entwachsen jedem Körperring etliche verästelte Stacheln mit dem Aussehen winziger Stachelbäumchen, und oft ist außerdem der Körper selbst grellfarbig gestreift. Wenn das Tier über ein Ästchen zum nächsten Futterblatt kriecht, wogt der Miniaturwald rhythmisch auf ihm. Beliebte Schmuckelemente sind starkfarbige Kugelwarzen mit kontrastfarbenen Haaren, in regelmäßigen Abständen über den schlichtfarbigen Leib verteilt. Manche Raupen sind dicht und lang behaart, und die Haare weisen Kontrastfarben zum Körper auf, sind zu auffälligen Büscheln gebündelt oder sprießen nur seitlich, wie ein zotteliges Fell. Manchmal ist die Behaarung zu regelrechten Frisuren gekämmt, die die Tiere oft durch bestimmte Bewegungen verschieden scheiteln können. Schier unerschöpflich sind Farbigkeit und Muster der Bemalung. Längsstreifen und Querstreifen zweifarbig und verschwenderisch bunt. Zickzackbänder oben und seitlich entlang, Winkelzeichen und verschlungene Bänder oder Hieroglyphen in Gelb, Rot und Himmelblau, einem Rußschwarz aufgemalt. Häufig sind die Stigmen, die feinen Öffnungen des Atemsystems an den Körperseiten, mit bunten Ringen umrahmt, etwa rot, blau und schwarz oder gelb und himmelblau. Manchmal zart, wie mit Tusche gezeichnet, dann wieder kräftig ummalt, vielleicht als einziger Schmuck eines sonst schlicht gefärbten Körpers. Und die Stummelbeine. Kleine, dicke Säulchen an sich, an der Sohle besetzt von Klauenkränzen, mit deren Hilfe sich die Raupe erstaunlich fest an die Unterlage anklammern kann. Wie unglaublich vielfältig können diese Säulchenbeine geschmückt und verziert sein! Lackrot am schwarzen Leib, mit schwarzen Borsten besetzt; grün und blau gestreift und weiß gekörnt; blauschwarz mit hellen Punkten und roten Borsten; lindengrün, himmelblau und leuchtend-orangegelb. Und bei vielen Raupen sind die Nachschieber, das letzte, besonders festen Halt verleihende Beinpaar, zu wahren abstrakten Gebilden geformt und bunt gefärbt. Selbst der bei manchen Raupen am Körperende sitzende dornartige Fortsatz, das Sippenabzeichen der Schwärmerraupen, ist für den verschwenderischen Gestaltungstrieb häufig zum Anlaß genommen worden, das

Hinterende des Tieres noch besonders zu verzieren. Manchmal ist dieser «Schwärmerdorn» nur ein lebhaft gefärbtes, unternehmungslustig nach oben gedrehtes Gebilde. Er kann aber auch bei manchen Arten lang ausgezogen und mit bunten Körnern bestreut sein, und bei südamerikanischen Isognathusraupen – die mehrmals nach der Häutung die Tracht wechseln – ist dieser Dorn zur Körperlänge der Raupe ausgezogen, schwarz, mit einer weißen Querbinde versehen und gegen das Ende zu lockig gedreht. Beim Gehen der Raupe wippt dieser lange, dünne Schwanz, der schräg nach vorn getragen wird, im Rhythmus der Bewegung.

Unvorstellbar bunt, erfindungsreich und weit über das für das Tier selbst Lebensnotwendige hinaus sind die Gestalten der Raupen ausgestattet. Und dabei sind von zahlreichen Faltern die Raupen noch unbekannt. Weiß man, welche Fabelwesen jedes Jahr aufs neue aus den Eiern schlüpfen, ohne jemals von eines Menschen Auge gesehen zu werden?

Manches aus dieser Raupenmaskerade übernimmt allerdings auch Funktionen, welche das Tier selbst nicht oder nur in geringem Ausmaß ausführen könnte. Es dient ihm beispielsweise zum Schutz. Zwischen den Haaren der Raupenperücke sitzen Brennhaare verborgen. Bei Berührung brechen sie ab und rufen durch ihr Gift selbst bei Menschen oft Entzündungen und Fieber hervor. Ähnlich funktionieren manche der «Stachelbäumchen», die z. B. Automerisraupen auf sich tragen. Doch stellen giftige Haare und Dornen keinen absolut wirksamen Schutz dar. Schlupfwespen und Raupenfliegen lassen sich nicht abschrecken davon, und überall gibt es vereinzelte Vogelarten, die selbst solche Bissen nicht verschmähen, weil ihnen das Gift nichts anhaben kann. Nicht selten vermag die Tracht oder die merkwürdige Form des Raupenkörpers, oft im Zusammenspiel mit dem instinktiven Verhalten des Tieres selbst, die Raupe zu tarnen. Manche Schwärmerraupen sind grün, mit dunklen Längsstreifen versehen und dadurch fast unsichtbar im Blattwerk ihrer Fraßpflanzen. Tropische Papilioraupen sehen wie Vogelexkremente aus. Andere ähneln mit ihren seltsam gehöckerten Körpern kleinen Baumpilzen, und wenn Spannerraupen in Ruhestellung ihren langen, dünnen, mit Knötchen versehenen Leib steil von einem Zweig wegstrecken, sind sie dürre Ästchen. Manche Raupen zukken bei Berührung in absonderliche Stellungen zurück. Dabei werden Kopf und Brustringe der erwachsenen Gabelschwanzraupe, von vorn gesehen, zu einem grellgefärbten, bösen Gesicht. Eine ähnliche Wirkung geht von einer in «Sphinxstellung» aufgebäumten Schwärmerraupe aus. Andere rollen sich zu Ringen zusammen, und dabei wird plötzlich die grellgefärbte Haut zwischen den Segmenten sichtbar.

Raupen einiger Arten verstehen es, sich aktiv zu verteidigen. Aus besonderen, oft auffallend gefärbten Drüsensäkken spritzen sie in einem feinen Strahl ein ätzendes, brennendes Sekret aus. Papilioraupen stülpen plötzlich die orangeroten Nackengabeln aus, denen scharfe, ätherische Öle entströmen. Andere schlagen rhythmisch mit dem Hinterleib um sich, lassen sich fallen oder seilen sich blitzschnell an einem Seidenfaden ab.

Manche verwenden ihre Fähigkeit, Seidenfäden erzeugen zu können dazu, ein Haus zu bauen. Sie drehen beispielsweise ein Blatt zu einer Tüte zusammen und heften sie mit Seide zusammen. Dann hocken sie drin, und bestenfalls sieht ihr Kopf heraus. Bei bestimmten Arten ist es Sitte, Hülsen, Köcher oder Säcke anzufertigen, indem sie Körnchen, kleine Holzsplitter, Koniferennadeln, selbst eigene Exkremente mit Seidenfäden verweben, immer rund um den eigenen Leib. So wandern sie fressend durchs Leben, allezeit bereit, wie die Schnecke im Haus zu verschwinden.

Kaum eine Raupe kommt im Leben ohne Seidenfäden aus. Eine recht komplizierte Fähigkeit, dieses Spinnen, die ihnen mitgegeben ist, und keiner weiß, wie lange es ging, bis sie aus bescheidenen Anfängen heraus entwickelt war. Die eine Art spinnt Straßen, über die sie wandern. Manche immer, für jeden Schritt und Tritt, als befürchteten sie, abstürzen zu müssen. Am Morgen hinauf in den Futterbaum, abends hinab zum Nachtversteck. Mit den Wochen ergibt das eine Seidenstraße. Minierende Raupen bauen Tunnel aus Seide. Frei an den Pflanzen lebende weben ein Kissen, wenn die Häutung fällig ist. Und der Großteil spinnt, wenn es ans Verpuppen geht.

Wenn die Raupe erwachsen ist, fährt sie zum letztenmal aus ihrer Haut. Im Inneren hat sich schon längst manche Veränderung angebahnt. Vorrat ist gespeichert für alles, was nun noch zu geschehen hat. So geht die Raupe daran, den letzten Akt vorzubereiten, der diese Lebensphase beschließt und zugleich die nächste eröffnen soll. Manche Arten verfärben sich sehr auffällig und sehen innerhalb von wenigen Stunden vollkommen anders aus. Viele gehen auf eine ausgiebige Wanderschaft, die sie weit weg bringen kann von der Stätte ihrer bisherigen Wirksamkeit. Sie rennen und walzen irgendwohin, als müßten sie ihre Stummelbeine zuletzt noch lohnend gebrauchen. Sperrt man sie in eine Schachtel ein, durchwandern sie diese pausenlos. Während dieser Langstreckenläufe geben sie alles von sich, was an Abfall noch angesammelt war.

Nach Stunden halten sie ein, und die nächste Szene wird fällig. Jene Raupen, die zu freihängenden Stürz- oder Gürtelpuppen werden müssen, spinnen sorgfältig Faden für Faden über die Unterlage. Die einen verankern dann ihre Nachschieber darein und lassen sich kopfunter fallen. Viele Stunden danach streifen sie die Raupenhaut ab und hängen als Stürzpuppe am Ast. Die anderen spinnen, aufrecht am Ästchen sitzend, sich ein immer dicker werdendes Seil um die Taille. Dann werfen auch sie das Raupenkleid ab und sind zu Gürtelpuppen geworden.

Jede Raupe sucht sich jenen Platz, den ihr die Art, der sie angehört, grundsätzlich vorgeschrieben hat. Schwärmerraupen suchen die Erde auf, wühlen eine Höhle, kleiden diese locker mit Seide aus und werden zur Puppe in ihr. Die im Holz fraßen, nagen sich zuletzt so weit an die Außenseite heran, daß sie oft nur noch eine millimeterdünne Schicht von außen trennt. Die umfangreichste Vorbereitung müssen jene Raupen treffen, denen es geboten ist, Kokons zu spinnen. Im Laub sitzend, an Rinde geschmiegt, ziehen sie Faden um Faden aus sich heraus, heften ihn um sich herum an den Blättern, an der Rinde an und bauen den Kokon ihrer Art. Oder sie verweben abgebissene Rindenstückchen zu einem dichten Gebilde um ihren Leib, das zuletzt so hart geworden ist wie das Holz, an dem sie sitzen. Alles ist nahezu unüberschaubar vielfältig im Reiche der Raupen, Puppen und Falter. Bestimmt vom Lebensraum, von der Fähigkeit des Tieres, vom Zweck, dem es ganz speziell dienen soll, und darüber hinaus noch abgewandelt nach Regeln, von denen wir nur die Auswirkungen kennen.

Mit der Puppe hat der Schmetterling wieder eine Gestalt erhalten, bei der ihn, wie anfangs im Ei, eine feste Hülle eine Weile lang schützt. Die Form dieser Puppenhülle deutet bereits die Gestalt des Falters an, den geringten Hinterleib, die Flügel, die Beine, den Kopf, die Augen, den Rüssel auch. Von Art zu Art ist vieles an diesen Puppen verschieden. Bei manchen sind einzelne Teile frei, bei anderen ist alles mitsammen verschmolzen, und mitunter ragt die Rüsselscheide wie ein gebogener Haken vom übrigen Puppenkörper ab. Nicht zu denken, daß die treibende Gestaltungskraft Puppen nur knapp nach Zweck und Nützlichkeit geformt hätte. Die eine Art zeigt Silberflächen, der anderen sitzen Spieße und Dornen auf, oder eine feine Silberkette liegt ihrer grünen Rundung an. Zeigt diese Hörner, ist jene wie ein Propeller geformt, die dritte ist ein schlichtes Ästchen, der vierten läuft ein zierlicher Kamm herunter über den Leib. Je nachdem, wo sie angebracht sind oder liegen, umspült sie Wärme, Hitze, Kälte oder Frost, regnet oder schneit es auf sie. Und im Innern spielt sich alles geregelt und geordnet ab, wird eingeschmolzen und umgebaut, Impulse stoßen an, dort wird ein Steuer umgelegt, und Zellen wandern hier- und dorthin. Nichts von allem dringt nach außen. Erst wenn der Falter in der Puppenhülle voll entwickelt ist, zeigt sich in vielen Fällen die Hülle durchsichtig dünn, und durch sie hindurch zeichnet sich die Färbung der Flügel ab.

Es ist immer wieder ein neues Erlebnis, wenn man zusieht, wie ein Schmetterling schlüpft. Wie die Puppenhülle an vorgebildeter Stelle spröde knisternd bricht und eine Gestalt ans Licht drängt, die es kürzlich noch gar nicht gab. Zarte Beine tasten, ein Kopf erscheint, bepelzt und mit riesigen Augen, ein Körper schiebt sich nach, und statt Flügeln trägt er nur Läppchen wie aus nassem Seidenpapier. Doch er ist kein Krüppelchen, nein, er schwingt sich oder kriecht heraus, er klettert, obwohl er noch nie Falterbeine besaß, setzt sich zurecht, um die Schwingen entfalten zu können. Innerhalb einer Viertelstunde erblühen sie dem Falter, streckt er sie, indem er Blut in die Streben der Läppchen pumpt, die sich ausdehnen und spannen zwischen den Adern. In die verworrenen Farben kommt Ordnung, sie fügen sich zum Muster der Art. Makellos sind die tausend Schüppchen seiner Flügel, noch unberührt das feine Fell seines Leibes, ein Schmetterling hat seine Endgestalt erreicht.

Nun ruht er noch einige Stunden, bis die Flügel steif und fest geworden sind, dann regt er sie zum erstenmal mit einer Sicherheit, als wäre er sein Leben lang geflogen, und zieht davon, tänzelnd, gleitend oder schwirrend, in der Weise, die seiner Art eingeboren ist. Er ist damit in eine völlig neue Welt eingetreten. Vorbei ist das an die Erde gebundene Leben der Raupe, in dem das Tor nach außen durch die Beschaffenheit seiner Sinnesorgane nur einen Spalt breit geöffnet war. Vorbei auch die Puppenzeit, in der er verwandelt wurde. Die letzte Phase seines Lebens macht ihn offener für seine Umwelt, durch die er sich ungebundener bewegen kann. Seine Flügel tragen ihn durch die Luft, sowie ihn seine Welt mit Signalen ruft, auf die sein Inneres eingespielt ist. Sobald Licht und Wärme den bei Tag fliegenden Falter erwecken oder die anbrechende Dämmerung den im Dämmer schwirrenden zur Aktivität anregt. Seine Flügel sind Kunstwerke. Auf die durchsichtig-glasige Membran sind Schuppen an Schuppen gesetzt, äußerst zierliche Gebilde verschiedenartiger Struktur und Träger des arttypischen Musters. Die Pracht der metallisch schillernden Farben wird größtenteils durch den besonderen Bau spezieller Schuppen hervorgerufen, der die Brechung des einfallenden Lichtes entsprechend lenkt. Die anderen Farben werden von den in den Schuppen eingelagerten Pigmenten erzeugt, die teils in der Raupennahrung enthalten waren und teils Produkte des Stoffwechsels sind. Auf eine wunderbare Weise haben sich diese Flügelschuppen während der Puppenzeit so geordnet über die Flügelflächen verteilt, daß sie das ganz bestimmte Muster ergeben. Viele Flügelzeichnungen sind hochkompliziert, aufgebaut aus streng begrenzten farbigen Flächen, oder die Schuppen werden in den Begegnungszonen der Farben solcherart gemischt, daß zwischen den Farben sanfte Übergänge entstehen. Zackenführungen und Bogen, leuchtende Augenmale und Flammenzeichnungen sind den Schwingen kunstvoll aufgelegt, und bei manchen Arten sind Fenster ausgespart, wo die schuppenlose Membran marienglasähnlich zur Wirkung kommt. Wohl hat sich alles dies in langen Zeiträumen entwickelt, doch bei jedem der zahllosen Schmetterlinge entsteht es heute wie von selbst, angestoßen und gesteuert von den Kräften der Natur, und wir sind allzu bereit, es als Gegebenheit hinzunehmen, für die wir vielleicht dann und wann ein flüchtiges Staunen empfinden. Doch im Grunde ist auch ein Schmetterlingsflügel in seiner durchgebildeten Schönheit und in der Harmonie von Schnitt, Farben und Zeichnung ein Wunder. Denn Wunder im echten Sinn fallen nicht heraus aus dem großen Gefüge der Natur.

Manche Flügelmuster und -färbungen folgen der Aufgabe, den Falter zu schützen, indem sie ihn tarnen. Sie tragen Farben, die in der Umgebung des Schmetterlings unauffällig sind, und die Muster lösen häufig die Konturen auf. Meist sind nicht alle Flügelteile gleicherweise gestaltet, sondern nur jene tragen die tarnende Tracht, die beim Ruhen des Schmetterlings in Erscheinung treten. Nicht selten zeichnen Schmetterlingsflügel verschiedene Strukturen aus der Umwelt des Falters nach, Flechten-, Rinden- oder Holzmusterung, oder sie ähneln in Schnitt, Muster und Färbung Blättern oder Knospen. Und stets setzen sich die Träger solcher Flügel in jene Umgebung, der sie dadurch angepaßt sind. Überhaupt stehen Gestalt und Verhalten beim Schmetterling in engster Beziehung. So benehmen sich auch Falter, die, selbst harmlos, in den Flügeln z.B. von Vögeln gemiedenen Arten gleichen, ebenso wie jene. Sie zeigen dieselbe Flugweise, dieselbe Art, die Flügel zu falten, fliegen zu den gleichen Stunden. Obwohl in der Sippe, zu der sie selbst gehören, anderes üblich ist.

Als Falter hat das Lebewesen Schmetterling nicht mehr die winzigen Punktaugen, mit denen es nur Schatten vor der Helligkeit erkennen kann. Es besitzt die großen, wunderbaren Facettenaugen jener Insekten, für die der Gesichtssinn eine wichtige Brücke zur Welt ist. Wir wissen nicht, wie die Bilder, die Schmetterlinge aufnehmen können, in den Einzelheiten beschaffen sind, sie sind auch bestimmt nicht bei allen gleichartig. Doch sie sind zweifellos recht differenziert und in bestimmten Grenzen auch farbig.

Der Mund ist beim Schmetterling zum Saugrüssel umgebildet, mit dem er seine mehr oder weniger flüssige Nahrung aufnehmen kann. Er besteht aus zwei miteinander verbundenen Teilen und wird in der Ruhe spiralig aufgerollt. Er kann von recht unterschiedlicher Länge sein, je nach dem Bau der Blüten, die von den einzelnen Arten besucht werden. Die längsten Rüssel besitzen Schwärmer. Bei ihnen übertrifft häufig die Rüssellänge die gesamte Körperlänge, in seltenen Fällen ist der Rüssel sogar doppelt bis dreimal so lang als der Leib des Tieres! Mit Hilfe dieser Saugrüssel ernähren sich die Schmetterlinge von Nektar und Baumsäften, auch von überreifen Früchten. Manche Familien fühlen sich auch zu Aas, Mist und Schweiß hingezogen.

Ihre Nahrungsquellen finden auch Schmetterlinge durch den Geruchssinn, der bei ihnen vorwiegend in den Fühlern sitzt. Bei manchen Arten sind diese Fühler fadenförmig gestaltet, aber bei vielen ist die Oberfläche der Antennen auf die verschiedenste Weise vergrößert. Sie können gesägt, am Ende kugelig verdickt oder gefiedert sein. Je größer die Oberfläche, desto mehr Sinnesorgane finden Platz, und desto mehr ist deren Leistungsfähigkeit gesamthaft gesteigert. Häufig haben Schmetterlingsmännchen auffallend stark entwickelte Fühler. Mit ihnen spüren sie die Weibchen auf, die arttypische Duftwellen aussenden; diese werden von den Männchen nicht selten auf erstaunlich große Entfernung wahrgenommen.

Auch der Geschmackssinn ist für den erwachsenen Schmetterling sehr wesentlich. Doch hat dieser seinen hauptsächlichen Sitz nicht am Kopf, sondern an den Beinen. Das ergibt sich aus der Lebensweise der Falter. Wenn sie über Blüten oder andere Nahrungsquellen flattern oder die Weibchen bei der Eiablage fliegend nach der geeigneten Pflanze suchen, prüfen sie rascher mit den Beinen als beispielsweise mit ihrem Rüssel, wo man eher den Sitz des Geschmackssinnes vermuten würde. Mit Hilfe der an den Endgliedern der Beine sitzenden Sensillen vermag der Falter selbst geringe Spuren wahrzunehmen.

Wenn wir dem anmutig tänzelnden Flug der Schmetterlinge zusehen, mögen uns diese zierlichen, fast schwerelosen Geschöpfe spielerisch und ungebunden erscheinen. Dennoch läuft auch ihr Leben sehr geregelt und meist streng geordnet ab, wenn es auch den Anschein hat, als wäre ihr Dasein ein einziges Spiel. Es ist bekannt, daß Schmetterlinge keineswegs wahllos dahinfliegen. Meist besitzen sie ihre begrenzten Reviere, in denen sie häufig ganz bestimmte Stellen, einen speziellen Busch oder Zweig, bevorzugt aufsuchen. Manche sind den ganzen Tag nahrungssuchend unterwegs. Andere zeigen sich nur in bestimmten Flugstunden, und bei vielen Arten sind die Zeiten der Nahrungssuche und des Paarungsfluges streng getrennt. Nach der Paarung, die bei den einzelnen Familien und Arten nach typischem Zeremoniell vollzogen wird, reifen die Eier im Körper des Weibchens und drängen es zur Eiablage. Scheinbar wahl- und ziellos herumstreunend oder offensichtlich zielstrebig forscht es nach der entsprechenden Pflanze und heftet dann an bestimmter Stelle – an der Ober- oder Unterseite der Blätter, an Knospen, Blüten, an Rinden – und auf die in seiner Art übliche Weise seine Eier an. Damit beginnen zahllose neue Lebenskreise.

Doch nicht aus jedem befruchteten Ei wird auch tatsächlich ein Schmetterling. Wäre es so, es würde zur Katastrophe führen, denn jedes Weibchen legt zwischen dreißig und mehreren tausend Eier ab! Dennoch ist die Zahl der Schmetterlinge, wenn die Natur ungestört bleibt, Jahr für Jahr ungefähr gleich. Tritt ausnahmsweise in einem Jahr eine Art in Massen auf, pendelt sich in kurzer Zeit das Gleichgewicht wieder selbsttätig ein. Wesentlich tragen Parasiten dazu bei, daß Schmetterlinge sich nicht ins Ungemessene vermehren können. Eier, Raupen, Puppen und die Falter selbst sind aufs mannigfachste vor Feinden geschützt, vor allem vor Feindesaugen. Gegen Schlupfwespen und Raupenfliegen aber ist weder optische Tarnung noch schlechter Geschmack, Brennhaare oder Schreckverhalten wirksam. Mit feinen Sinnen spüren die Parasiten Eier, Raupen oder Puppen auf und injizieren ihnen ihre eigenen winzigen Wespeneier oder legen die Fliegeneier der Raupe an die Haut. Wobei bestimmte Wespchen auf Eier, Raupen oder Puppen gewisser Schmetterlingsarten und die verschiedenen Raupenfliegen auf bestimmte Raupenarten spezialisiert sind. Aus dem Parasitenei schlüpft die Larve. Ist es eine Fliegenlarve, bohrt sie sich sofort in den Körper der Raupe ein, an den sie als Ei abgelegt worden ist. Wespen- und Fliegenlarven fressen in ihren Wirtstieren, wachsen heran, und ihr Rhythmus ist dem der von ihnen Befallenen genau angepaßt. Letzten Endes schlüpft aus dem stecknadelkopfkleinen Schmetterlingsei keine Raupe, sondern ein paar winzige Wespchen bohren sich Löcher in die Schale und schwirren ab. Oder die befallene erwachsene Raupe verpuppt sich nicht mehr, sondern aus ihr treten Fliegen- oder Schlupfwespenlarven aus, spinnen außen Tönnchen oder Kokons und entwickeln sich in ihnen zu Ende. Und die angestochene Puppe verläßt eines Tages kein Schmetterling, sondern etliche Schlupfwespen nagen Löcher in die Puppenhülle und verlassen vollentwickelt die Stätte ihrer Jugendzeit.

Dennoch hat keine Raupe oder Puppe sinnlos gelebt. Die eine erreichte das Ziel ihrer Art, durch die andere erreicht eine fremde Art ihr Ziel. Gefühlsmäßig lehnen wir Parasiten ab. Sachlich gesehen sind auch sie entstanden um des großen Gleichgewichtes willen, das in Chaos zerfallen müßte, fehlte einer auf seinem Platz.

Die Raupe ist die sogenannte Jugendgestalt des Schmetterlings. In allem ist sie anders als der Falter. – Die Hauptzahl der Raupen ernährt sich von Pflanzenteilen. Es gibt jedoch auch räuberische Raupen, wie diese Eulenraupe, die Eier des Kohlweißlings frißt.

In Südamerika leben Raupen, deren Walzenkörper in einen dichten Pelz gehüllt ist, den sie selbst auf bestimmte Weise scheiteln können.

Manche Citheronia-Raupen sind in bestimmten Stadien wohl schlicht gefärbt, doch absonderlich geformt.

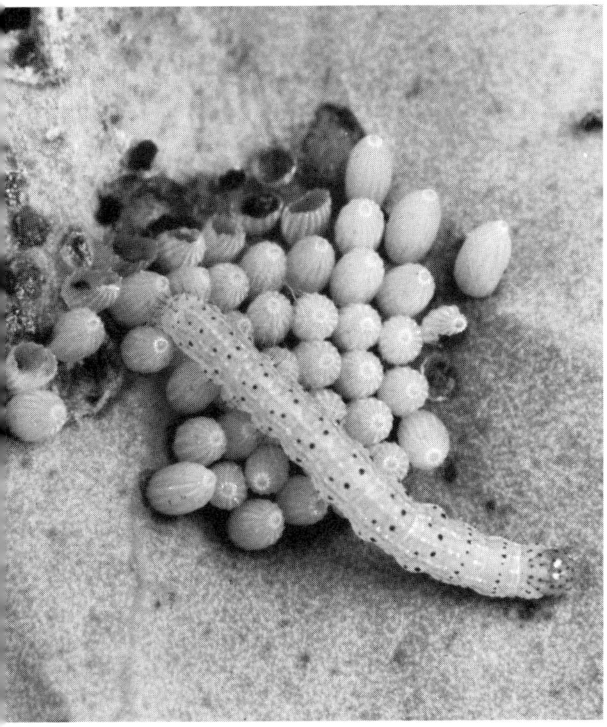

Links:
Erwachsen ist diese wunderschöne, bunt gezeichnete Schwärmerraupe gut fingerlang. Sie entwickelt sich zu einem düster gefärbten Schwärmer, einem Nachtfalter.

Eine junge Raupe des heimischen Gabelschwanzes frißt nach der Häutung die verlassene Raupenhaut.

Rechts:
Eine junge südamerikanische Citheronia-Raupe hat nach der ersten Häutung ihr Aussehen grundlegend verändert. Auch sie frißt die verlassene alte Haut.

Eine ameisenähnliche Raupe des Buchenspinners häutet sich. Die alte Haut des steif aufgereckten Tieres reißt in der Nackengegend. Durch rollende Bewegungen wird sie allmählich nach hinten geschoben; dabei werden auch die langen Beine aus den alten Hüllen gezogen.

Die Raupe eines südamerikanischen Dämmerungsfalters knapp nach einer Häutung. An dem noch hellen, «neu eingekleideten» Kopf sitzt noch die alte Kopfkapsel, die nun abgeschoben wird. Deutlich sind die dunklen Punktaugen der Raupe zu erkennen.

Eine Tagpfauenaugen-Raupe häutet sich zum letztenmal und wird dabei zur Stürzpuppe. Auch bei dieser Häutung platzt die Haut an geplanter Stelle im Nacken, doch gibt sie die bereits ausgebildete, jedoch noch weiche, helle Puppe frei. Zuletzt verändert die kopfunter hängende Puppe noch etwas die Form, erhärtet allmählich und verfärbt sich dabei.

Körperende einer tropischen Spinnerraupe mit den sogenannten Nachschiebern, dem letzten, besonders ausgebildeten Klammer-Beinpaar.

Rechts:
Bauchbeine eines Wolfmilchschwärmers. In der Regel besitzt jede Raupe 5 Paar Bauchbeine, aus denen sich letztlich die Beine des Falters entwickeln. Häufig sind sie sehr bunt gefärbt, und ihre Sohlen weisen verschieden gestaltete Klauenkränze auf. Mit ihnen kann sich die Raupe so fest anklammern, daß man sie kaum von ihrer Unterlage lösen kann.

108

Das kleine Nachtpfauenauge gehört in die Familie der Spinner; seine Raupe spinnt vor der eigentlichen Verpuppung einen Kokon aus Seidenfäden. Der aufgeschnittene Kokon erlaubt einen Blick auf den Verpuppungsvorgang. Die Haut platzt und wird vom Tier an das Körperende geschoben. Die frische Puppe ist hellgrün, und ihre Form deutet, wie bei allen Puppen, bereits die Form des künftigen Schmetterlings an: den geringten Hinterleib, die Flügel, die Beine, den Kopf, die Augen. Diese Puppe besitzt freigliedrige Fühlerschneiden, die in der Folge mit dem übrigen Puppenkörper verschmelzen. Zu einem bestimmten Zeitpunkt dreht sich die Puppe um und liegt nun auf dem Rücken. Allmählich setzt die Erhärtung und Verfärbung der Oberfläche ein. Zuletzt ist die Puppe schwarzbraun.

Auch bei den Puppen der Schmetterlinge beweist die Natur ihre unbändige Gestaltungskraft. Die eine ist wie ein Propeller geformt, die andere scheint aus purem Silber zu sein, die dritte weist eine «Ziernaht» auf, und die vierte ist bunt: gelb, ocker und dunkelbraun.

Ein Nesselfalter schlüpft aus seiner Puppenhülle. Noch sind seine bunten Flügel nicht voll entfaltet, doch im Laufe einer Viertelstunde werden sie vor unseren Augen von weichen, unansehnlichen Flügelläppchen zu makellosen, straffen Schwingen.

110

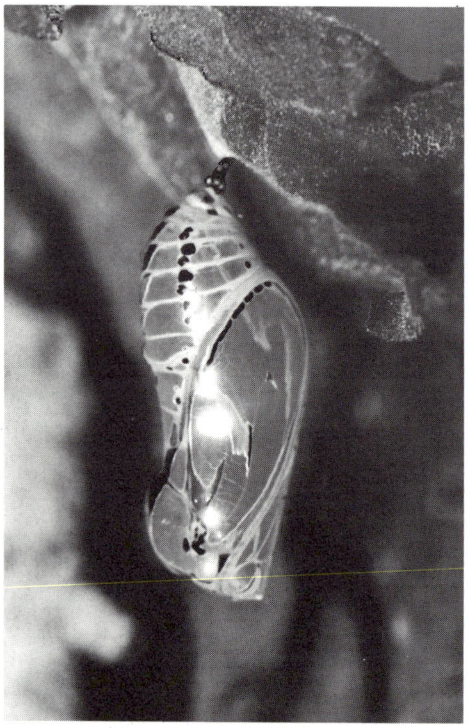

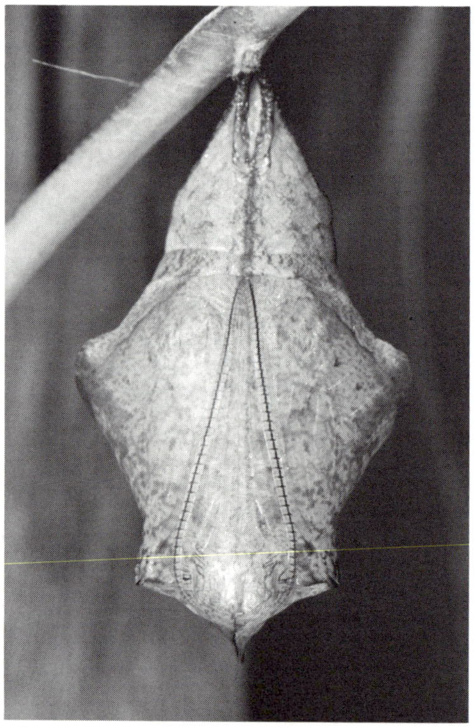

Ein kleiner südamerikanischer Tagfalter, dessen Name auf der Innenseite seiner Flügel steht. Im Volksmund heißt er: Oitenta e oito, 88er.

111

112

Ein brasilianischer Dämmerungsfalter schlüpft aus seiner Puppenhülle. Es ist immer wieder ein besonderes Erlebnis, zuzusehen, wie die Puppenhülle knisternd bricht, wie ein bepelzter Körper durch den Spalt sichtbar wird, der Kopf mit Augen und Fühlern herausdrängt, der plump wirkende Körper herausschwingt und die Flügel sich strecken: Ein neues Lebewesen ist geboren.

Rechts:
Der grüne Metamorpha-Falter tänzelt an der brasilianischen Küste zwischen März und Mai seine unruhigen Flüge.

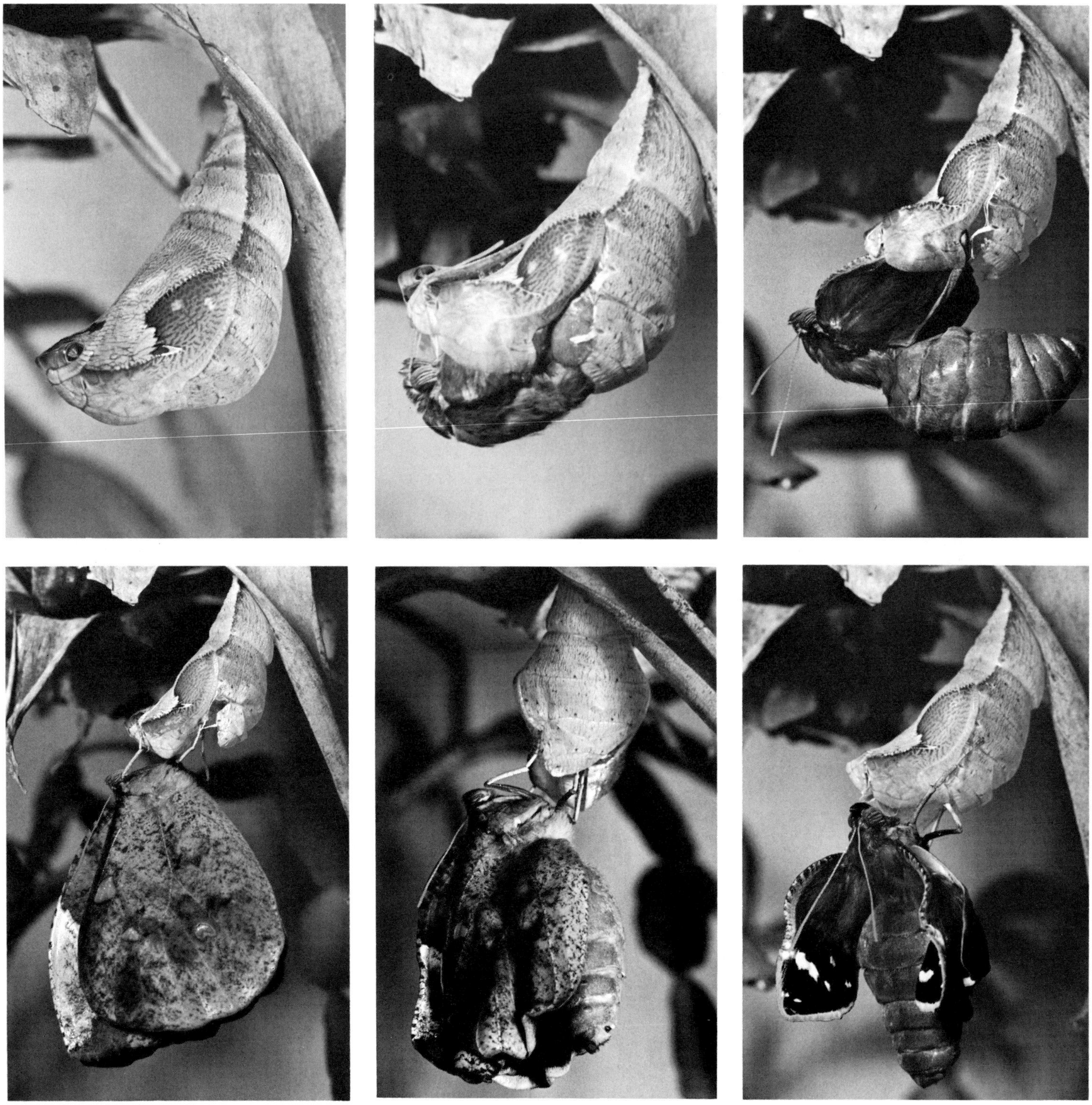

114

Märchenhaft schön ist der tropische Nachtfalter Actias selene. Seine Schwingen sind lang geschwänzt und mit Augenmalen besetzt, der Körper ist in einen weißen Pelz gehüllt, die Beine sind rot, und die Männchen besitzen wunderbar gefiederte Fühler.

Das Taubenschwänzchen ist ein kleiner Nachtfalter, der jedoch bei Tag fliegt. Er setzt sich nicht beim Blütenbesuch, sondern steht schwirrend vor der Blüte, den langen Rüssel in sie versenkt.

Links:
Flügeldetail des Osterluzeifalters.
Schmetterlingsflügel sind Kunstwerke der Natur. Auf die durchsichtige Membran sind Schuppen an Schuppen gesetzt, zierliche Gebilde verschiedenartiger Struktur, Träger des arttypischen Musters. Die meisten Farben werden von in den Schuppen eingelagerten Pigmenten erzeugt.

Ausschnitt aus einem Flügel des südamerikanischen Nachtfalters Rothschildia arethusa. Bei den pergamentartigen Fenstern tritt die durchsichtige Membran des Flügels zutage.

Flügeldetail des tropischen Tagfalters Teinopalpus imperialis.

Rechts:
Ausschnitt aus einem Flügel eines Urania-Falters. Die metallisch glänzenden Farben der Schuppen werden meist nicht durch Pigmente hervorgerufen, sondern durch besonders gebaute Schuppen, die das einfallende Licht auf entsprechende Weise brechen.

Viele Raupen werden von Parasiten heimgesucht, wie diese eben geschlüpften Kohlweißlings-Raupen. Die 3 mm kleine Schlupfwespe Apanteles glomeratus sticht sie an und injiziert ihnen ihre Eier.

Eine etwa 2,3 mm kleine, schillernd bunte Erzwespe sticht eine Kohlweißlingspuppe an und legt ihre Eier in sie.

In der Raupe schlüpfen aus den Wespeneiern kleine Larven. Zuletzt verlassen sie die Raupe, spinnen außen an ihr kleine Kokons, in denen sie sich weiterwandeln, bis sie diese als fertige kleine Wespchen verlassen. Die Raupe selbst stirbt.

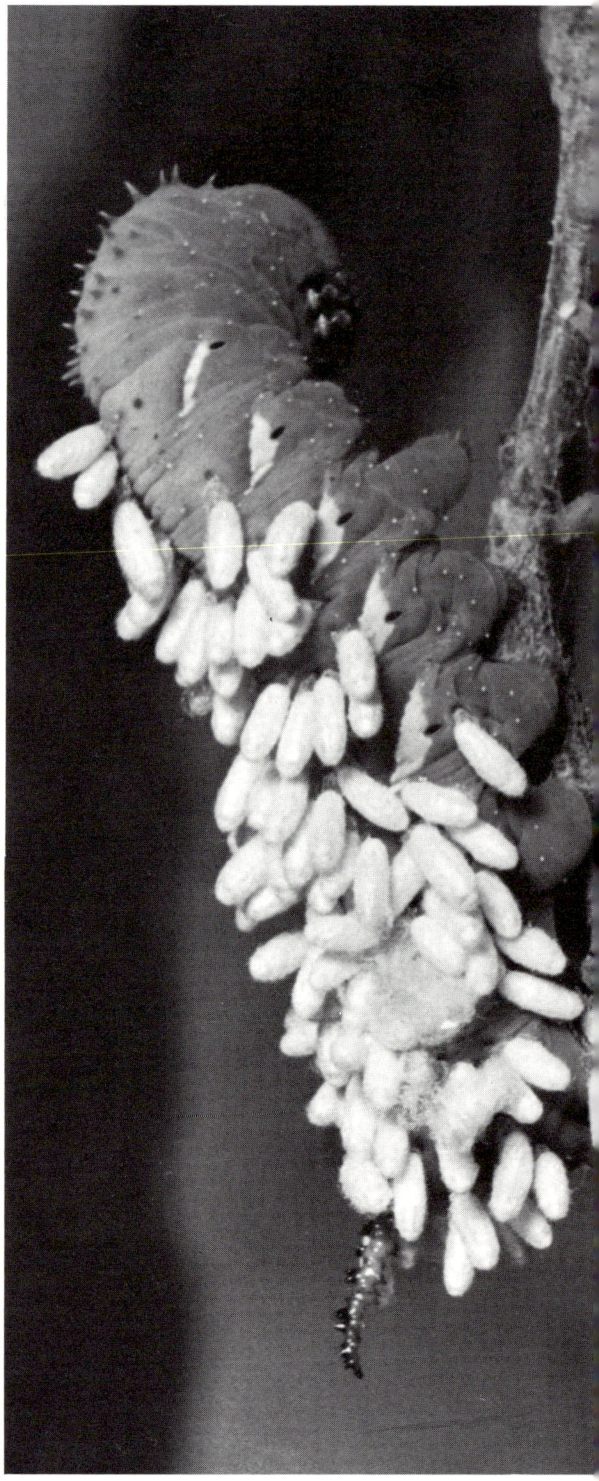

Merkwürdige Spinnentiere

Wir alle kennen Spinnennetze, es sind Alltäglichkeiten für uns, und die Spinnen selbst erfreuen sich nicht unserer besonderen Sympathie. Dennoch bedarf es nur eines Sommermorgens, um uns die Schönheit ihrer Radnetze ins Bewußtsein zu rücken und in uns das Staunen zu erwecken über die geheimnisvolle Fähigkeit einer Spinne, gewissermaßen aus sich selbst heraus mit schlafwandlerischer Sicherheit dieses zarte, kunstvolle Gebilde in die Luft zu bauen.

Unweit des Netzes hat sie ihr Versteck, die spezielle Vertreterin einer unter vielen hundert unterschiedlichen Arten. Oder sie sitzt reglos mitten im genetzten Kunstwerk, ein graubraunes Tier mit einem deutlich zweigeteilten Körper, dessen gewölbter Hinterleib eine zierliche, aber markante Zeichnung trägt, die mehr oder weniger genau einem Kreuz ähnelt. Der kleinere Vorderkörper trägt vorn oben auf einem Hügel eine Augengruppe, und vorn sitzen die Cheliceren, Greifzangen mit eingeschlagenen Klauen, die in Verbindung mit Giftdrüsen stehen. Und die vier Beinpaare setzen auch am Vorderleib an, die langen, gegliederten Beine, die das Tier nun, da es im Netz sitzt, rundlich nach vorn und nach hinten gekrümmt hat, und ganz vorn sitzt noch ein sehr kurz gehaltenes, tasterartiges Gliedmaßenpaar, das nicht der Fortbewegung dient. Körper und Beine der Spinne, die vor uns reglos im Netz hängt, bilden zusammen ein abgerundetes Muster, ein Muster der Ruhe.

Wir sind näher getreten, sie fühlt sich nicht gestört durch uns. Webspinnen haben keine scharfen Augen. Sie sind auf Tasten und Spüren eingestellt; vor allem über diese Leitungen empfangen sie die wichtigsten Signale aus ihrer Welt. Ihr ganzes Leben ist darauf abgestellt; der Alltag mit dem Herstellen des Netzes, das Überwältigen der lebendigen Nahrung ebenso wie die Werbung des Männchens, die darauffolgende Kopulation und letztlich auch das Sorgen für die Nachkommenschaft.

Es ist für uns nur schwer vorstellbar, daß die Spinne das Kunstwerk ihres Netzes, das wir bestaunen, herstellt, ohne ihren Gesichtssinn dabei zu Hilfe zu nehmen, wie wir es tun, wenn wir einen Grundriß herstellen, Grund abstecken, mit den Augen die Entfernung schätzen. Sie weiß, wo sie bauen soll, erklettert einen günstigen Platz, kehrt sich um, hebt ihren Hinterleib, sendet Fäden aus ihren Spinndüsen aus und hält diese davonziehenden Seidenseile mit Klauen ihrer Beine fest. Irgendwo bleibt dann das Seil hängen, das spürt die Spinne und fährt fort, den Rahmen zu bauen, zu Fuß, oder sie läßt sich dabei selbst an einem Seil pendelnd ein Stück herab. Sie nützt die Gegebenheiten, die an jeder Stelle anders sind, ohne sie lange auszumessen, ohne sie abschätzen zu können. Sie stellt den Rahmen sozusagen nach dem Gefühl her und geht dabei nie in die Irre. Dann zieht sie Speichen, baut ein Hilfsgerüst, schlingt Spiralen ein und bewegt sich dabei so zielsicher, als zöge sie nur mit ihrem Seidenfaden nach, was bereits deutlich in die Luft gezeichnet ist. Wir sagen, der Instinkt führt die Spinne. Doch Instinkt ist rätselhaft und wunderbar. Wo immer wir ihm begegnen, mutet er an wie eine Intelligenz, die im einzelnen Tier wirksam wird, ohne in ihm selbst zu wohnen. Je mehr wir uns damit beschäftigen, je mehr sich in einzelnen Bereichen Mechanismen enthüllen, deren er sich bedient, desto wunderbarer wird dieser Begriff in seiner Gesamtheit. Letzten Endes zeigt das Wort Instinkt nicht mehr als die Tatsache an, daß er wirksam ist. Doch sagt es nichts aus über seine eigene Wirksamkeit und über seine Ausgangsfelder.

Vom Instinkt geführt, baut die Spinne vor uns ihr Netz und erzeugt dabei selbst das Material dazu, aus sich heraus, ohne Komplikationen. Außen sichtbar an ihr sind fünf bis sechs Spinndüsen, kleine Hügelchen, aus denen einige hundert feine Röhrchen ragen. Jedes Röhrchen ist durch eine eigene Leitung mit besonderen Spinndrüsen im Spinnenkörper verbunden. Je nach Notwendigkeit kann das Tier einen Teil oder alle diese Rohrleitungen gebrauchen. Auch kann es die Düsen bewegen und dadurch Fäden einzeln belassen, eine Anzahl zu einem Seil vereinigen oder, wenn es die Beute fesselt, ein breites Band dafür herstellen. Webspinnen können sieben verschiedenartige Seidenqualitäten fabrizieren; das einzelne Tier hat die Auswahl zwischen drei und fünf Arten. Wer wählt aus?

Viele Radnetzspinnen bauen zuletzt Leimfäden ins Netz, d.h., besondere Seile bestücken sie in regelmäßigen Abständen mit Leimtropfen, indem sie diese mit selbsterzeugtem Leim bestreichen und ihn zuletzt durch Zupfen an den Fäden gleichmäßig verteilen. Doch bleibt daran wohl das Opfer, aber nicht die Spinne selbst haften. Ihre «Sohlen» sind geölt.

Von bestimmten Stellen im Netz ausgehend, legt das Tier Signalleinen zum eigenen Versteck an. Es sieht die gefangene Beute nicht, es wird seine Ankunft spüren. Trennt man diese Telefonleitung durch, bemerkt die Spinne meist nichts von der gefangenen Fliege, dem ins Netz geratenen Schmetterling. Aber zeigt die Leine die Beute an, eilt die Spinne blitzschnell hin, umspinnt sie mit einem breiten seidenen Fesselband, schlägt die Giftklauen ein und beginnt sie auszusaugen. Oder sie hängt die Beute als Vorrat auf.

Auch der Werber meldet sich durch den Tastsinn ansprechende Signale an. Er zupft einen bestimmten Rhythmus und erfährt an der Reaktion, ob er willkommen ist oder sein Leben durch rasche Flucht zu retten hat. Wie bei manchen Insekten kann auch für ein Spinnenmännchen eine Werbung lebensgefährlich sein. Bewegung im Netz oder im Jagdrevier bedeutet für die Spinne stets Beute. Doch in dem besonderen Fall, wenn ein Männchen naht, muß das Weibchen auf die andersartige Situation aufmerksam gemacht, muß es «umgestimmt» werden. Das heißt, das Gebaren des werbenden Männchens sperrt die alltägliche Brücke, auf der sich der Verkehr zwischen Spinne und Beute abspielt, und baut statt dessen, mit mehr oder weniger Erfolg, die vorübergehende Sonderleitung auf, die zur Vereinigung der Spinnenpartner führen soll. In diesen Zusammenhängen haben sich im Laufe der stammesgeschichtlichen Entwicklung von Art zu Art verschiedene und zum Teil recht merkwürdige Verhaltensweisen der Männchen herangebildet. Bei sehschwachen Spinnen meldet sich der Werber durch die erwähnten Zupf- oder durch Klopfzeichen an, die arttypische Rhythmen aufweisen. Unter Jagd- und Wolfsspinnen, deren Gesichtssinn ausgezeichnet entwickelt ist, gibt sich das Männchen durch auffallendes Winken mit den Tastern oder ganz bestimmte «Tanzschritte» zu erkennen. Bei manchen Arten hat sich ein kompliziertes Zeremoniell herausentwickelt. So fängt z.B. bei bestimmten Jagdspinnen das Männchen eine Fliege, spinnt diese zu einem Paket zusammen und versucht es dem Weibchen zu überreichen. Die Annahme des Geschenkes drückt die Bereitschaft des Weibchens aus, verhält es sich ablehnend, tut der Jagdspinnenmann gut daran, so schnell als möglich das Weite zu suchen.

Wenn wir uns unter den vielen tausend Spinnenarten umsehen, die nahezu über die ganze Erde verbreitet sind, bemerken wir auch unter ihnen die große Vielfalt, die mit weiter Verbreitung und dementsprechender Spezialisierung zusammenfällt. Sie äußert sich in den Gestalten der Tiere – wir brauchen nur eine Kreuzspinne und eine Vogelspinne nebeneinander zu betrachten –, und sie zeigt sich in deren vielen unterschiedlichen Lebensgewohnheiten. So sind auch die Spinnennetze, neben kleineren individuellen Variationen, die vor allem durch die verschiedenen örtlichen Gegebenheiten diktiert werden, von Art zu Art oft sehr verschieden. Ihre Form reicht vom kunstvollen Radnetz bis zu Gebilden, die auf den ersten Blick kunstlos, ja unordentlich aussehen mögen, die jedoch nach einem ganz bestimmten Plan gebaut sind und das Ziel auch erreichen. Häufig sind solche Netze nach dem System der Stolperdrähte und Fußangeln angelegt, d.h., über eine gewebte Seidendecke hat die Spinne kreuz und quer starke Fäden gezogen, oder von einem Gespinst gehen strahlenförmig solche Fußangeln aus. Geraten vorüberziehende Insekten oder andere Spinnen in dieses Feld, wird ihr Weiterkommen entsprechend gebremst, und zugleich erhält auch die Netzbesitzerin Nachricht, schießt heraus und überwältigt sie. Spinnen bestimmter Arten bürsten Fangwolle auf die Fäden ihres Netzes, die aus feinsten kurzen Fädchen besteht und Beutetiere festhält wie die Leimtröpfchen anderer Netze.

Doch die Erzeugnisse aus Spinnenseide reichen noch weit über die verschiedenartig gebauten Netze hinaus. Schon junge, eben aus dem Ei geschlüpfte Spinnchen ziehen einen Seidenfaden hinter sich her. Manche weben daraus ein gemeinsames Netz, in dem sie die ersten Wochen verbringen. Andere starten mit diesem Seidenfaden auf eine luftige Reise, indem sie sich, winzig wie sie sind, an den Faden gehängt treiben lassen. Erwachsene Spinnen bauen Seidentrichter zu ihren seidig ausgekleideten Wohnkammern und verschließen diese mit Deckeln. Andere legen Erdfallen an und tarnen sie mit Seidendecken, in die sie Moos und Erde kleben. Und auf die mannigfaltigste Art fertigt das Spinnenweibchen die Oothek, den Eisack, aus eigener Seide an. Spinnenseide gehört zu den haltbarsten Stoffen, die wir kennen, und je nach Notwendigkeit wird sie zum elastischen Seil oder zum kaum dehnbaren Fesselband, wird sie glatt oder wollig, spult sie sich schier endlos ab, bildet kurze, lockere Fäden oder Segelschlaufen, wird sie schneeweiß, gelblich und bläulichgrün.

Merkwürdig und vielfältig sind auch die Gestalten der Spinnen. Das Grundschema: Vorder- und Hinterleib, Cheliceren, Augen, Taster und vier Beinpaare, wurde immer wieder neu ausgeformt. Unter tropischen Spinnen gibt es groteske, bizarre Formen, denen man die Zugehörigkeit keineswegs sofort ansehen kann: Tiere, deren Hinterleibsschild stark verbreitert, schwarz und gelb quergestreift ist, und seitlich spießen lackschwarze Dornen und Dornenbogen weg. Löst man sie aus ihrer Umwelt heraus, scheinen sie sehr auffällig zu sein, doch in der Welt, in der sie leben, verschwinden sie im starken Spiel von dunklen Schatten und grellem Licht, unter Blüten und farbigen Blättern. Andere dieser Stachelspinnen verbergen ihren Körper unter einem zitronengelben Stachelschild. Eine weitere Art trägt einen weißen Hinterleibsschild, dessen weiße, gebogene Dornen an den Spitzen rosarot sind. Bei einer mexikanischen Spinnenart ist in den runden Hinterleibsschild ein altes mexikanisches Muster eingraviert! Mit diesem Schild verschließt sie ihr Wohnloch.

Immer wieder beweist sich der typische Zug der Natur, über alles Zweckgebundene hinaus zu gestalten und auszuformen.

Doch sehen wir uns unsere heimischen Blumen genauer an. Zwischen weißen Blütenblättern sitzt regungslos eine schneeweiße Krabbenspinne. In einer gelben Blume liegt so still, daß wir sie fast übersehen, eine Spinne mit einem Leib genau im Farbton der Blütenblätter. In rosa Blüten sitzen rosarot gefärbte, in roten rötliche Spinnen. Bestimmte Krabbenspinnen vermögen sogar ihre Färbung zu verändern. Zwar nicht so rasch, wie mein kleiner Gecko, der auf weißem Papier im Handumdrehen hell geworden war, auch nicht so schnell wie ein Chamäleon. Immerhin, wenn man eine weiße Misumena vatia in gelbe Umgebung bringt, paßt sie sich innerhalb von einem Tag bis zu zwanzig Tagen vollkommen an. Die Rückanpassung soll sie dann in spätestens sechs Tagen schaffen. Und eine rosa gefärbte wird – laut Experiment – in drei bis vier Tagen gelb.

Warum sitzen bunte Krabbenspinnen in bunten Blüten? Sie spinnen kein Netz wie Netzspinnen, sie streunen nicht jagend umher, sie haben ihr Dauerquartier dort aufgeschlagen, wohin Schmetterlinge, Fliegen, Wespen, Bienen in Mengen kommen: in Blüten. Sie sind farblich eingepaßt, und das allein ist ein Ergebnis eines wer weiß wie langen Wechselspiels. Sie regen sich nicht und sind für Insekten unsichtbar. Blitzschnell springen sie die Fliege, den Schmetterling an, schlagen die Cheliceren ins Opfer und saugen es aus. Dabei schwillt ihr Leib kugelrund an; ein Spinnenmagen ist unglaublich dehnbar. Etliche Arten haben sich auf Wespen und Bienen spezialisiert – eine wehrhafte Beute, doch sie verstehen es, genau in den Nacken zu beißen, dann haben auch Biene und Wespe trotz ihres Stachels keine Chance mehr. Krabbenspinnen einer Art wohnen sogar in den krugartigen Blüten einer tropischen «insektenfressenden» Pflanze. Im Innern des Kruges duftet eine zersetzende Flüssigkeit und lockt Insekten an. Die Misumenops-Spinne sitzt oberhalb mit ein paar Fäden gesichert. Von den reichlich anfliegenden Insekten schlägt sie sich, soviel sie braucht, die meisten taumeln hinab zum Blütengrund und werden aufgelöst. Rutschte die Spinne von ihrem Hochsitz ab, fiele auch sie der Blüte zum Opfer, die sie ernährt.

Das Versteckenspiel der Krabbenspinnen findet indessen auch noch an anderen Orten statt. Eine in Sandhügeln vorkommende Art ahmt in Gestalt und Verhalten Sandkörner nach und wird dadurch unsichtbar. Andere leben zwischen gefallenem Laub und lauern dort auf Beute. Und eine merkwürdig schmale, mit einem strohfarbenen, braun längsgestreiften Leib und langen Beinen, tarnt sich so rasch, daß sie vor unserem Blick schlagartig verschwunden ist: Sie lebt zwischen Gräsern; bei Gefahr preßt sie ihren schmalen Körper an den Halm, an dem sie sitzt, und streckt die Beine vor und hinter sich. So geht sie völlig in ihrer Umgebung auf.

Die groteskesten Spinnen, die größten, aber auch die für Menschen gefährlichen, leben in tropischen und subtropischen Ländern. So haben auch unsere Wolfsspinnen in jenen Ländern ihre größten Verwandten. Wolfsspinnen sind bei uns recht unscheinbar. Ihre Körper sind graubräunlich, sie fallen kaum auf. Sie bauen keine Netze, sie sind Jäger, flinke Tiere mit scharfen Augen. Ihre Beute erjagen sie im Sprung, und durch das Gift ihrer Cheliceren überwältigen sie diese dann. In der Jugend streunen sie umher, verbergen sich unter Steinen, in Ritzen; älter geworden, bauen sie trichterartige Röhren und Kammern unter der Erdoberfläche. Auffallen mögen unsere Wolfsspinnen nur dann, wenn die Weibchen ihren runden Eiball mit sich führen, der an der Unterseite ihres Hinterleibes angeheftet ist. Allgemein bekannt geworden ist von dieser weitverbreiteten Familie die Tarantel. Man trifft sie bereits in Südeuropa an. Noch heute glaubt man z.B. in Italien, daß ihr Biß lebensgefährlich sei oder doch zumindest schwere Anfälle auslöse. Doch ist ein Tarantelbiß für keinen Menschen gefährlich, nicht einmal für ein kleines Kind. Wohl besitzt die Tarantel wie alle Spinnen Gift, das sie durch ihren Biß ihrem Opfer einspritzt. Doch das Gift der Spinnen ist für deren Beute gemischt und dort auch entsprechend wirksam. Die meisten Spinnen vermögen mit ihren Klauen nicht einmal die menschliche Haut zu durchbohren, und mit wenigen Ausnahmen bleibt ihr Gift ohne Wirkung auf uns.

Als wir in der Trockenheit allabendlich den Rasen unseres Gartens sprengten, sausten blitzschnell fünf, sieben, zehn oder mehr große Taranteln das helle Mäuerchen hinauf, das den Garten gegen das Nachbargrundstück abgrenzte. Es waren recht große Spinnen, mit zwei bis drei Zentimeter langen Körpern, mit gestreckten Beinen an die neun Zentimeter lang. Ihr Vorderleib ist dunkelbraun, mit einem hellgrauen Strahlenmuster geziert, und der Hinterleib trägt eine Längsreihe zierlicher, hellgrauer Lanzenspitzenzeichen. Wenn sie an der Mauer saßen, ließen sie sich, wenn man vorsichtig an sie herantrat, gut betrachten, und man sah auch, daß rötliche Haare die kräftigen Giftklauen umstehen. Sonst waren sie eher scheu, flohen, wenn man sie aufstöberte, und es mußte schon sehr schwüles Wetter herrschen, das offenbar nicht nur an menschlichen Nerven zerrt, daß sich eine, belästigt, aufrichtete, die vordersten Beinpaare hochgereckt und die Cheliceren leicht gespreizt. Reizte man sie nicht weiter, verschwand sie rasch. Dennoch kann es vorkommen, daß auch eine solche Tarantel beißt, weil sie sich angegriffen fühlt. Doch trotz der Häufigkeit der Tarantel Lycosa erythrognatha, z.B. in gewissen Gegenden Brasiliens, kommt es selten zu Unfällen durch einen Tarantelbiß. Auch ist die Wirkung ihres Giftes für Menschen wohl unangenehm, doch nicht gefährlich. Die Bißstelle wird rötlich, sie schwillt an, und Bläschen laufen auf. Nur bei sehr empfindlichen Menschen kann es vorübergehend zu heftigem Juckreiz und einer Art von Nesselfieber kommen, das jedoch bald wieder abklingt. Die Stelle verheilt allgemein ähnlich wie eine kleine Brandwunde.

Unsere Taranteln hatten vor allem entlang des Mäuerchens und am Rand eines Beetes Wohnung bezogen. Davon sah man von außen nur je ein rundliches, weißes Gespinst. In der Mitte wies jedes ein Loch oder zwei Öffnungen auf, Einstieg zum Wohntrichter, den jede Spinne selbst gegraben hatte. Dabei umspinnen sie die gelockerten Erdbröckchen jeweils, fassen sie mit den Cheliceren und tragen auf diese Weise die Erde aus dem Loch. Dann kleidet die Tarantel den Trichter innen mit Seide aus und verbringt dort ihre Ruhestunden. War das Wetter trocken, blieb die Wohnung offen. Doch längst ehe wir selbst aufsteigende Regenwolken bemerkten, machten die Taranteln ihre Luken dicht.

Zu bestimmten Zeiten sah man ab und zu eine mit einem recht großen, bläulichgrünen Eiball, den sie nach Art der Wolfsspinnen unten am Hinterleib angeheftet trug. Dann wußten wir, daß etliche der Wohntrichter zu Kinderstuben vergrößert worden waren. Dort hatten auch die Weibchen ihre ballrunden Ootheken gebaut. Der Spinnenspezialist Dr. Bücherl aus Butantan beobachtete sie – wie auch zahlreiche andere brasilianische Spinnen – und berichtete darüber. Erst fertigen die Tarantelweibchen die eine Hälfte des Eiballes, dann wird diese mit mehreren hundert Eiern bestückt, zuletzt wird die zweite Hälfte darübergeschichtet und beides zusammengepaßt. Dann dreht die Spinne den noch nicht ganz runden Ball mit den hinteren Beinen unter ihren Spinnwarzen, belegt ihn mit dicken Seidenfäden und zuletzt mit der bläulichgrünen Außenschicht. Schließlich heftet sie sich diesen runden Eisack unten an den Körper an und schleppt die kostbare Fracht wochenlang mit sich herum. Hinaus zum Sonnenbad und zur Jagd, hinein in die Stube, wenn sie ruht oder wenn das Wetter kühl und regnerisch ist. Auch hier ist wieder zu beobachten, wie Verhaltensweisen, die der Fortpflanzung und Erhaltung der Art dienen, im Tier ganz besonders fest verankert sind. Bei der Tarantel Lycosa erythrognatha und anderen Wolfsspinnen ist der Drang, eine Oothek zu besitzen, zu bestimmten Zeiten so groß, daß nicht selten sogar unbefruchtet gebliebene Weibchen eine Eikugel bauen, sie mit ihren tauben Eiern belegen und eine Zeitlang mit sich herumtragen.

Nach weniger als einem Monat sind die Jungen entwickelt. Sie schlüpfen aus den Eihüllen, doch verlassen sie die Oothek noch nicht. Erst einige Tage danach beißen sie die Hülle der Kugel auf, und die Mutter hilft dabei von außen nach. Sie klettern in Scharen heraus und setzen sich – alle hundert etwa, wenn es die erste Oothek des Weibchens war – auf dem Körper der Mutter fest. Vom erwachsenen Spinnenweibchen selbst sieht man fast nichts mehr, nahezu ihr gesamter Leib ist von winzigen Spinnlein bedeckt. So bleibt das drei bis vier Wochen lang, und währenddessen fressen weder die Jungen noch die Mutter. Dann wandern sie, nach einer Häutung, auseinander. Jeder lebt von da an sein eigenes Leben, und wen er trifft, ist Beute für ihn oder er für den anderen. Die meisten Jungen überleben auch die ersten Wochen nicht. Die überlebenden bringen im folgenden Dreivierteljahr zwölf bis sechzehn Häutungen hinter sich und sind nach Ablauf dieser Zeit erwachsen geworden. Ihr durchschnittliches Lebensalter liegt bei eineinhalb bis zwei Jahren.

Weniger erfreut waren wir, als wir eines Morgens eine recht ähnliche, aber etwas größere und unterschiedlich gebaute Spinne aus einer halbgefüllten Gießkanne zogen. Sie war offenbar nachts hineingeraten und dort ertrunken. Wir sahen uns bestürzt an, denn es gab keinen Zweifel. Ihr Körper war etwas über vier Zentimeter lang, bei gestreckten Beinen maß sie gut elf Zentimeter, die Giftklauen waren lackschwarz, und die Behaarung darumherum war fuchsrot. Auch die charakteristische Augenstellung paßte; es war eine Phoneutria fera, eine der beißlustigsten und giftigsten Spinnen. Wir hatten sie in Butantan kennengelernt. Dort werden sie zu Hunderten in besonderen Behältern gehalten, gefüttert, und ihr Verhalten wird studiert. Ab und zu nimmt man ihnen, Giftschlangen und bestimmten Skorpionen Gift ab, um Serum zu erzeugen. An der Atlantikküste bis hinauf ins Hochland von São Paulo trifft man sie an. Nicht häufig zwar, denn die Phoneutria fera ist eine unverträgliche Jägerin, die in ihrem Revier keine andere Artgenossin duldet, doch flieht sie bei Begegnung nicht, wie unsere Taranteln es taten. Sie stellt sich sofort angriffig hoch, spreizt die Giftklauen und wiegt ihren Körper drohend hin und her. Aus dieser Stellung heraus kann sie bis vierzig Zentimeter weit springen und blitzschnell beißen. Ihr Biß ist nicht selten tödlich. Auch sie geht in der Dämmerung auf Jagd, dabei wandert sie gelegentlich in Häuser ein; durch die Tür, die man offenläßt, um die Abendkühle nach dem heißen Tag einströmen zu lassen, auch durch Spalten und undichte Fenster. Tagsüber versteckt sie sich, sucht dunkle Stellen auf, Schränke, Schuhe, und beißt sofort zu, wenn man sie stört.

Eine Woche danach entdeckte eine Nachbarin zwischen Kisten eine ungewöhnliche Spinne. Sie holte uns. Die Spinne sei groß und halte etwas Weißes mit den Beinen fest. Sieht es aus wie zwei gegeneinandergelegte Suppenteller? Ja, ganz genau, und es sei wie eine mittlere Geldmünze groß. – Die Kisten waren im Freien gestapelt gewesen und waren nun auseinandergerückt. Etwa in Augenhöhe saß die freigelegte Phoneutria fera, die Sprungspinne, wie sie dort im Volksmund heißt. Breit hockte sie über dem gewölbten, schneeweißen Eisack, die vordersten Beine über ihn gelegt, die schwarzen Giftklauen drohend gespreizt. Sie sieht ausgezeichnet, und es war klar, daß sie alles genau beobachtete. Langsam, ganz sachte und vorsichtig schoben wir ihr die Öffnung eines Einmachglases entgegen. Sie regte sich nicht. Doch sie mußte weg. So schoben wir sie leicht, aber unmißverständlich mit einem Stäbchen an und lösten dabei den Eisack von seiner Unterlage. Wäre sie nicht an diese Oothek gebunden gewesen, mit allen Fesseln des Instinktes, der ihr nun gebot, um nichts in der Welt dieses schneeweiße Ding zu verlassen und es bei Gefahr selbst unter Einsatz des Lebens zu verteidigen, es wäre für uns ein sehr gefährliches Spiel gewesen. Doch solange wir sie nicht von ihrem Eisack trennten, würde sie auch nicht angreifen. Schließlich gab sie nach und rutschte samt ihrer Oothek in das Glas hinein. Deckel drauf! Wir atmeten auf.

Wir setzten sie in ein kleines Terrarium, in dem auch ein Wasserschälchen stand. Wir versuchten sie zu füttern, sie nahm nichts an. Die Tage waren feucht und schwül. Sie hockte über ihrer Oothek, die sie oben an einem Stück Holz angeheftet hatte. Dann folgten ein paar trockene Tage, und sie zog mit dem Eisack in die Nähe des Wassers. So ging das eineinhalb Wochen lang. Eines Vormittags waren die Jungen geschlüpft und hatten sich zu Hunderten auf der Mutter versammelt. Sie wimmelten durcheinander, und alles war in dauernder Bewegung. Bald darauf begann sich die Situation umzugestalten. Die winzigen Spinnlein lösten sich von der Mutter, zappelten ruhelos und spannen Fäden hinter sich her. So entstand ein Gespinst, in dem sie sich nun, die Mutter entlastend, tummelten. Damit begnügten sie sich nicht. Sie waren eifrig am Krabbeln und Spinnen und spannen auf dem Gewebe in Stockwerken weiter. Dabei zehrten auch sie von dem Vorrat, der vorgeburtlich in ihnen angelegt worden war. Dann häuteten sie sich eines Nachts und wurden von da an bald sichtlich weniger. Wir boten ihnen einen Ausschlupf in ein anderes Gefäß, aber sie blieben beisammen und fraßen sich langsam gegenseitig auf. Schließlich häuteten sich die übriggebliebenen – es waren immer noch viele – und zeigten nun den Drang, auseinanderzuwandern. Wir verpackten die ganze Schar und brachten sie nach Butantan. Wie es bei ihnen üblich ist, häuteten sie sich dort im ersten Jahr fünf- bis siebenmal, im Jahr darauf noch etwa fünfmal, und im dritten waren sie erwachsen, fortpflanzungsfähig und damit bereit, das Ihre zu tun, damit ihre Art nicht aussterben muß. In einem Jahr baut ein Phoneutria-fera-Weibchen vier Ootheken, die sie insgesamt mit über zweitausend Eiern belegt, winzigen, weniger als ein Millimeter kleinen, glänzenden, elastischen Bällchen. Dennoch hält sich allgemein die Zahl auch dieser giftigen Kammspinne konstant, denn nur wenige der vielen Jungen werden erwachsen und fortpflanzungsreif.

In Butantan werden jährlich etwa dreihundert von einer Phoneutria fera gebissene Menschen behandelt. Der Biß ist ungemein schmerzhaft und führt bereits nach einer Viertelstunde zu schweren Vergiftungserscheinungen. Von der Bißstelle breitet sich ein brennender Schmerz aus, der Puls zeigt sich beschleunigt, Fieber tritt auf und Schweißausbrüche folgen. Allmählich kommt es neben Erbrechen und Atembeschwerden zu fortschreitender Erblindung und zu Lähmungserscheinungen. Erwachsene können die Krise nach zwölf bis achtzehn Stunden mehr oder weniger überwunden haben. Bei Kindern, namentlich bei Kleinkindern, tritt nicht selten nach sechs bis acht Stunden der Tod durch Ersticken ein. Das Nervengift der Phoneutria fera wirkt rascher als das meiste Schlangengift.

Dagegen sind Vogelspinnen allgemein besser, als ihr Ruf es ist. Die meisten sind im Vergleich zu anderen Spinnen auffallend groß; aber große Spinnen sind keineswegs giftiger als kleinere, im Gegenteil. Sie sind in tropischen und subtropischen Gebieten daheim, haben recht unterschiedliche Lebensräume bezogen und sind dementsprechend vielfältig in ihren Gestalten und Lebensgewohnheiten. Man unterscheidet bei ihnen etliche Familien, und jede Familie weist einige Gattungen und viele Arten auf. Gemeinsam ist allen die kräftige Behaarung, die von Schwarzbraun bis Fuchsrot reicht und samtig kurz bis langborstig sein kann. Auf Augenhügeln vorn am Kopf sitzen meist acht Augen; ihr Gesichtssinn ist sehr gut entwickelt. Sie sind Einzelgänger, in Nacht und Dämmerung aktiv und jagen auf recht unterschiedliche Weise. Manche Arten sind sehr wasserliebend, und man kann solche Tiere in Gefangenschaft an heißen Tagen regelrecht baden sehen.

Schon in der Größe sind sie recht verschieden. Die südamerikanischen Grammostola-Arten zählen zu den Vogelspinnen mit den längsten Beinen. Sie weisen Beinspannweiten bis 28 Zentimeter auf! Zugleich soll ihr Temperament sehr sanftmütig sein. Dagegen sind die nur vier bis fünf Zentimeter großen Acanthoscurria-Arten nicht weniger angriffig als die Phoneutria fera, von der vorhin die Rede war.

Es gibt jedoch unter Vogelspinnen nicht nur große und sehr viel kleinere, sanfte und angriffslustige. Die Echten Vogelspinnen hausen in Südamerika, beispielsweise in Amazonien, auf Bäumen. Dort bleiben sie unberührt von den wechselhaften Bodenverhältnissen, wie Überschwemmungen u.ä., und bauen Höhlen aus Blättern, denn auch sie schätzen Dämmerlicht und Nacht weit mehr als heißes, grelles Sonnenlicht. Aticularia ist, als Baumbewohnerin, eine ausgezeichnete Kletterin, kann bis über einen halben Meter springen und bewegt sich selbst über glatte Flächen ganz und gar ungehemmt! Dazu verhelfen ihr rosa gefärbte Hafthaarpolster an den «Sohlen» ihrer Beine. Und will sie rasch ein paar Stockwerke tiefer gelangen, springt sie ab und bremst den Sprung mit Hilfe ihrer Beinborsten, die sie abspreizen kann!

Ein vollkommen anderes Leben führen jene Vogelspinnen, die in der Erde hausen und zu den Fallenstellern gehören. Sie bauen in schräge Böschungen zylinderartige Röhren, die mit gesponnenen Falltüren versehen werden; außen sind sie meisterhaft mit Material aus der Umgebung getarnt. Dann lauern die großen Spinnen in den Röhren, und was vorüberkommt und die beutegerechte Größe aufweist, wird blitzschnell hereingeholt und verzehrt. Übrigens saugen manche Vogelspinnen ihre Beute nicht aus, sondern sie zerreiben weiche Körper mit ihren zahnartigen Raspeln an der Unterseite der Giftklauen zu Brei.

Andere Vogelspinnen bauen ihre Höhlen, die sie mit Falltüren versehen, auf Bäumen. Etliche Arten wieder spinnen breite, weiße Seidentrichter auf den Boden und legen sich im Trichterrohr auf Lauer. Ein System, das wir schon von anderen Spinnen kennen. Viele streunen auch nachts umher und jagen und verbergen sich, sobald der helle Tag anbricht, unter Steinen und Rinden, in Ritzen, unter Gebüsch.

Während viele Vogelspinnen, wie die Falltürenbauerinnen, ihre Röhren selbst graben, auf eine ähnliche Weise wie die Taranteln, benützen andere Arten Gänge von Mäusen und anderen kleinen Säugern. Jedoch nicht unbedingt nur leerstehende. Sie haben eine sehr wirksame Methode, die rechtmäßigen Bewohner aus dem erwählten Loch zu vertreiben, indem sie ihnen bei der ersten Begegnung rasch den Hinterleib zukehren und dabei mit den Hinterbeinen blitzschnell die Hinterleibshaare abschaben. Diese mit feinen Widerhaken versehenen Härchen splittern sehr leicht ab und stäuben dem Feind – oder der Beute – als kleine Wolke entgegen. Sie rufen Schleimhautentzündungen hervor, auch bei empfindlichen Menschen. Dieses spezielle Verhalten hat diesen Vogelspinnen im Volksmund den treffenden Namen «Bombardierspinnen» eingetragen. Solche Brennhaare wachsen wohl nicht nach, doch werden sie bei jeder Häutung wieder ersetzt.

Der Prozeß der Häutung selbst läßt sich bei Vogelspinnen in der Gefangenschaft gut beobachten. Wie die meisten Spinnen, namentlich die tropischen, sucht auch sie dazu eine dunkle, abgelegene Stelle auf. Sie nimmt dann keine Nahrung mehr zu sich, spinnt einen dichten Seidenteppich, auf den sie sich schließlich legt, Bauch und Beine nach oben. So verharrt sie, ohne sich zu regen. Dann reißt der Panzer des Vorderleibes rundherum auf, und sie zieht den Kopfteil mit Klauen und Taster heraus, dann die langen, behaarten, gegliederten Beine, und zuletzt wird der Hinterleib von der alten Hülle befreit.

Von vielen Vogelspinnenarten kennt man nur einzelne Tiere, von wenigen sind Details ihrer Lebensweise bekannt. Von den in Gefangenschaft gehaltenen Tieren hat man auch in Erfahrung gebracht, daß Vogelspinnenweibchen – vielleicht mehr oder weniger allgemein – nicht wie Taranteln und die Kammspinnen drei bis vier Ootheken im Jahr bauen und mit vielen hundert Eiern belegen. Sie fertigen, soweit man beobachtet hat, jährlich nur einen Eisack an, der 200 bis 300 Eier enthält. Ihr Tribut an die Mitlebewesen ist demnach wesentlich geringer. Auch bei ihnen geht allerdings das Bauen der Oothek in einer dunklen, geschützten Kammer vor sich, und auch die Vogelspinne bewacht und umsorgt diesen Eisack. Sie ruht mit ihm, trägt ihn mit den Giftklauen hinaus ans Licht und ans Wasser. Wenn die kleinen Spinnlein im Innern der Oothek aus den Eiern schlüpfen, bemerkt die Mutter dies, obwohl – für den menschlichen Beobachter – nichts diesen Vorgang von außen anzeigt. Sie verbirgt den Ball um diese Zeit vollkommen im Dunkeln. In dem Stadium würde eindringendes Licht die frisch geschlüpften Jungen töten. Obwohl diese bereits die Eihüllen verlassen haben, vollzieht sich erst jetzt im Eikokon ihre letzte Entwicklung zu fertigen kleinen Vogelspinnen. Wenn diese abgeschlossen ist, beginnen auch sie die Eisackhülle aufzunagen, klettern heraus und setzen sich auf dem mütterlichen Körper fest. Doch ist bei ihnen auch jetzt der Einzug ins öffentliche Leben noch nicht ganz endgültig. Jede kleine Spinne spinnt einen Faden hinter sich her, an dem sie sich bei Bedarf ohne Schwierigkeit in die dunkle, schützende Höhle, aus der sie kam, zurückziehen kann. Allmählich gewöhnen sie sich an das Licht und verlassen die Eikugel endgültig. Nach der zweiten Häutung wandern sie fort und beginnen ihr selbständiges Leben.

Das Gift der bekannten Vogelspinnen ist für den Menschen ungefährlich. Eine merkwürdige Wirkung zeigt das bereits gut untersuchte Grammostolagift. Während es beispielsweise bei Reptilien das erwartete Ergebnis zeigt, wirkt es auf kleine Warmblüter erstaunlicherweise beruhigend und einschläfernd. In einer Überdosis führt es bei ihnen zu einem krampflosen Todesschlaf. Doch kann man daraus keineswegs allgemeine Schlußfolgerungen auf alle Vogelspinnengifte ziehen. Die große Mannigfaltigkeit der Tiere und deren Lebenswelt und Verhalten läßt auch sehr unterschiedliche Wirkungen ihrer Gifte erwarten.

Nahe verwandt mit Spinnen sind Skorpione. An ihren Körpern können wir manche Übereinstimmung feststellen, neben aller Verschiedenheit, die allgemein vielleicht noch mehr ins Auge fallen mag. Beide Körper gliedern sich grundsätzlich in zwei Abschnitte. Wie bei der Spinne deckt auch beim Skorpion eine einheitliche Platte den Vorderleib, und vorn oben fallen seine zwei punktförmigen Mittelaugen auf. Die Seitenaugen sitzen bei ihm am Vorderbzw. Seitenrand der Vorderleibsplatte. Auch die für Spinnen so charakteristischen Cheliceren sind beim Skorpion vorhanden, nur fallen sie bei ihm weniger auf, denn seine großen Greifscherenarme ziehen den Blick mehr auf sich. Diese sind aus demselben ursprünglichen vorderen Gliedmaßenpaar entstanden, das sich bei den Spinnen zu den tasterähnlichen Fortsätzen entwickelt hat, die zwischen den Cheliceren und dem vordersten Beinpaar ansetzen. Beim Skorpion wie bei den Spinnen trägt der Vorderleib vier Beinpaare. Der Hinterleib ist verschieden gestaltet. Während er bei der Spinne ungegliedert erscheint, ist er beim Skorpion deutlich in Segmente gegliedert und weist damit eine noch urtümlichere Gestalt auf. Nach hinten zu verjüngt er sich zum bezeichnenden «Schwanz», der aus fünf solchen Segmenten besteht und den Giftstachel trägt. Durch diese Ausformung steht er stammesgeschichtlich einer Gruppe von Chelicerentieren nahe, die im Erdaltertum in einem großen Artenreichtum über die ganze Erde verbreitet waren, heute jedoch bis auf die merkwürdigen Schwertschwänze ausgestorben sind. Auch die urtümlichen Riesenskorpione gibt es heute nicht mehr, die, bei einer Körperlänge von nahezu zwei (!) Metern vor 500 bis 300 Jahrmillionen vorwiegend Meere und Brackwasserzonen bevölkerten. Die

Vorstellung einer solch unheimlichen, skorpionähnlichen, schwanzstacheligen Riesengestalt vermag uns schlagartig die Veränderungen ahnen zu lassen, die auf unserem Erdball mit allen seinen Erscheinungsformen seither vor sich gegangen sind.

Verglichen mit diesen Gestalten sind die Skorpione unserer Tage alle nur Zwerge. Dennoch erweckt jeder Skorpion Unbehagen in uns. Man hat schon von ihm gehört, nun ist er da und wirkt recht sonderbar in seiner Gestalt, für die man keine Parallelen aus dem Alltag zur Hand hat. Man sucht bei einer Begegnung sofort nach dem Stachel und findet diesen auch sofort bei ihm. Er trägt, wie er überrascht vor uns hockt, das schwanzartige Hinterleibsende über sich nach vorn zu gebogen. Hinten setzt sich das blasenartige, als Stachel endende Anhängsel ganz deutlich ab. Doch der Skorpion hat uns gewiß nicht aufgesucht, noch wirkt er angriffig. Entweder haben wir ihn aufgestöbert, indem wir den Stein, der ihn deckte, weggenommen haben, oder wir haben ihn selbst aus einem Spalt herausgeholt. Es kann auch vorkommen, daß ihn eine seiner Nachtwanderungen in unsere Nähe gebracht hat. Sein Tag sind Dämmerung und Nacht. Zu solchen Stunden jagt er, stellt Käfern, Schaben, Spinnen nach, und wenn ihm einmal eine größere Beute in den Weg läuft, läßt er sie auch nicht ungeschoren. Dann treten seine Scherenarme in Aktion, sie fangen und halten fest, der gestachelte «Schwanz» biegt sich nach vorn, und das Gift macht die zappelnde Beute gefügig. Wenn der Morgen anbricht, ist für den jagenden Einzelgänger der Tag beendet, er sucht ein dunkles Versteck, in dem er die hellen, heißen Stunden verbringen kann. Er ist nicht in der Lage, zu unterscheiden zwischen einem Fels-, Mauer- oder Türspalt, einem verfallenen Mauseloch und einem Schuh. Versteck ist für ihn Versteck.

Für Menschen ist das Gift der meisten Skorpionarten ungefährlich, etliche Arten ausgenommen, beispielsweise den berüchtigten «Sahara-Skorpion», dessen Gift dem Kobragift gleichgesetzt werden kann, und den brasilianischen Gelben Skorpion, Tityus serrulatus. Bei gestrecktem Hinterleib ist dieser etwa zeigefingerlang, und sein Gift ist, in gleichen Mengen, stärker als Klapperschlangengift. Sein Stich ist entsprechend gefährlich und ruft bei Erwachsenen schwere Vergiftungserscheinungen und bis 24 Stunden anhaltende heftigste Schmerzen hervor; bei Kindern wirkt er nicht selten tödlich. In Butantan wird nun schon seit langem sehr wirksames Serum hergestellt.

Das Weibchen des Tytius serrulatus, das wir in einem Terrarium hielten, stammte aus Butantan. Es fraß an vorgelegten Fleischstückchen und verkroch sich tagsüber unter Steinen oder Rinde. Sein Leib wurde allmählich stärker, doch keiner konnte sagen, wann die jungen Skorpione geboren werden würden. So gingen fünf Monate hin. Die Trockenzeit war vorbei, der Regen kam in täglichen Gewittern, es dampfte und grünte, und auch Weihnachten verging. Eines Morgens, gegen Ende Januar, waren drei junge Skorpione geboren. Sie saßen, als wir sie entdeckten, bereits reglos und sichtlich etwas erschöpft auf dem Rücken des Weibchens, weißlich, klein und mit runden Kinderbäuchlein. Nach einer Weile kam das vierte Junge von unten her über das Gesicht der Mutter heraufgeturnt und setzte sich auch auf dem Rücken fest. Sieben Stunden danach waren vierzehn kleine Skorpione da, und dabei blieb es auch. Sie hockten einträchtig neben- und halb übereinander auf dem Rücken der Mutter, die diese vierzehnfache Last mit demselben Gleichmut ertrug wie ihre Verwandten, die Spinnen. Sie verbarg sich und die Schar bei Tag und nahm sie mit, wohin sie auch kroch. Nach zwei Wochen häuteten sich die vierzehn das erstemal, eines hatte es ein wenig früher, das andere etwas später geschafft. Nun glichen sie ihrer Mutter schon mehr. Ihre Gemeinschaft hielt daraufhin noch gute zwei Wochen an, dann machten sie sich selbständig. In Freiheit wird auch diese Schar in den ersten Wochen zusehends kleiner. Die Überlebenden häuten sich zunächst alle zwei bis drei Monate, mit zwei Jahren sind sie erwachsen und können fünf bis sechs Jahre alt werden.

Ebenfalls im Instituto Butantan bekamen wir unseren ersten Geißelskorpion zu Gesicht. Ein sonderbares Tier. Die auffälligen Scheren, der segmentierte Hinterleib, die langen Laufbeine, das alles erinnert an eine Skorpiongestalt, wenn er auch um etliches größer ist. Vor allem aber vermißt man an ihm Schwanz und Giftstachel. Statt dessen endet sein gedrungener Hinterleib in einem langen, faden- oder geißelähnlichen Fortsatz; daher auch der Name Geißelskorpion. Am Grunde dieser Geißel münden große, paarige Drüsen, deren scharfriechendes Erzeugnis das Tier einem Angreifer entgegenzuspritzen pflegt. Beim brasilianischen Mastigoproctus brasilianus hat dieses Sekret einen ätzenden Essigduft, weshalb das Tier im Volksmund Essigskorpion heißt.

Eigenartige Verwandtschaft der Spinnentiere. Heraufgestiegen in unsere Zeit aus einer fernen Vergangenheit und ausgesandt in alle Länder der Erde, sich wandelnd dabei, vielfältige, oft seltsame Gestalten ausbildend, mit merkwürdigen Verhaltensweisen. In unzählbaren Einzelgestalten eingefügt in zahllose Lebensgemeinschaften der Natur, die uns umgibt.

Kopf der äußerst giftigen südamerikanischen Spinne Phoneutria fera. Deutlich sind die gebogenen Giftklauen sichtbar, die von fuchsroten Haaren umstanden sind. Die Stellung der Augen ist charakteristisch für die Art. Bei gestreckten Beinen mißt Phoneutria fera etwa 11 cm. Aus dieser drohenden Stellung vermag sie bis 50 cm weit zu springen und blitzschnell zuzubeißen.

Spinnen sorgen auf verschiedene Weise, je nach Art, für ihre Eier. Meist verpacken sie diese in einen «Kokon» von arttypischer Form, den sie nicht selten mit sich herumtragen, bis die Spinnlein schlüpfen.

Das 7 mm kleine tropische Spinnlein ist fast durchsichtig zart, dennoch ist es eine tüchtige Jägerin.

Eine wunderliche südamerikanische Netzspinne mit einem schwarzen Hinterleib, der mit weißen Härchen besetzt ist und brandrote Dornen trägt.

Spinnen gewisser Arten halten ihren tellerförmigen Eikokon mit den Beinen umfangen und beschützen ihn auf diese Weise.

Rechts:
Diese Krabbenspinne zieht den erbeuteten Blattkäfer ins Versteck, um ihn dort in Ruhe aussaugen zu können.

Nach Art und Weise der Wolfsspinnen baut die Listspinne eine runde, weiße Eikugel, die sie mit den Cheliceren festhält und so lange mit sich herumträgt, bis die Jungen schlüpfen.

Rechts:
Detailaufnahme eines Weberknechtes: Den gewölbten Hinterleib ziert die arttypische Musterung und Färbung, der kleine Vorderkörper trägt auf einem Hügel eine Augengruppe, bei der namentlich 2 schwarze, kugelige Augen auffallen. Am Vorderkörper setzen bei den Spinnen auch die 4 Beinpaare an. Ganz vorn ist ein sehr kurz gehaltenes, tasterartiges Gliedmaßenpaar zu sehen. Die Cheliceren mit den Giftklauen sind auf dem Bild nicht sichtbar.

Viele Vogelspinnen sind wohl recht groß, doch sind sie meist sehr viel besser als ihr Ruf. Manche besitzen als Waffen Brennhaare am Hinterleib, die sie mit den Hinterbeinen abschaben können (links oben). Wenige Arten besitzen ein für Menschen gefährliches Gift (links unten).

Die Bilder rechts zeigen einen Kampf zwischen einer Vogelspinne und einem Fadenskorpion, bei dem meist der Fadenskorpion siegt.

136

Südeuropäischer Skorpion. Auch Skorpione zählen zu den Spinnentieren. Sie sind Nachttiere, und ihre Giftwaffe ist der mit einer Giftdrüse in Verbindung stehende Stachel am Ende des schwanzartigen Hinterleibes.

Gefährlich für den Menschen ist der brasilianische Skorpion Tityus serrulatus. Nach Skorpionart trägt auch sein Weibchen die lebend geborenen Jungen die ersten Wochen auf dem Rücken mit sich.

Männlicher Skorpion der gleichen Art Tityus serrulatus in Angriffsstellung.

Frösche, Echsen, Schlangen

Er saß in einer weißen Trichterblüte, war knapp drei Zentimeter groß, gelblichweiß, fast durchsichtig und recht beweglich: das war unser erster südamerikanischer Frosch. Es war unbegreiflich, daß alles, was in einem erwachsenen Frosch stecken mußte, in diesem zarten Ding Platz finden konnte.

Die ersten Geckos, die wir entdeckten, hausten tagsüber hinter den Orchideentöpfen im Garten und sahen wie ungewöhnliche Eidechsen aus. In der Dämmerung kamen sie hervor und fingen Mücken und kleine Nachtfalter. Eines Morgens jedoch saß ein kleinfingerlanger Gecko vor der Tür, als ich sie öffnete. Er war der erste, mit dem wir persönlich Bekanntschaft machten.

Als sich in die Regenzeit, in der täglich der Himmel sämtliche Schleusen öffnet, eine abnorme Trockenzeit einschob und alles nach Wasser lechzte, lag an einem Spätnachmittag eine kleine Schlange auf dem Boden, wo der Gartenschlauch eine feuchte Stelle hinterlassen hatte. Sie war nur etwa zwei Spannen lang und wenig mehr als bleistiftstark. Ihr Körper glänzte bräunlichviolett mit einem metallenen Grauschimmer darüber, das feine Köpfchen mit den dunklen, runden Augen war leicht erhoben, und ab und zu schnellte die Zunge orientierend vor. Dann schob sie sich zusammen und war mit sich selbst allein. Fast zwei Stunden lang lag sie fast reglos auf dem gleichen Platz. Als die Dämmerung kam, war die Schlange fort.

Wie bei allen Geschöpfen kommt es auch bei Fröschen, Echsen und Schlangen darauf an, daß wir sie unbefangen betrachten. Vorurteile hindern uns nur, sie zu sehen, wie sie wirklich sind; sie können dann nichts Wesentliches aussagen für uns.

Von den Fröschen kennen wir meist nur die in Mitteleuropa beheimateten häufigen Arten: die beiden grünlichen, den Wasser- und den Seefrosch, und den bräunlichen Grasfrosch. Den Laubfrosch, den althergebrachten Wetterpropheten, bekommt man nicht häufig zu sehen, und den nächsten Verwandten der Frösche, den Kröten, gehen die meisten Menschen aus dem Weg, weil ein unbestimmtes Vorurteil sie abhält, sich dieser Tiere unvoreingenommen anzunehmen. Deshalb wissen sie auch nicht, daß neben der häufigen, sehr nützlichen Erdkröte bei uns auch Kreuzkröte und Wechselkröte vorkommen und Kröten wunderschöne Augen haben.

Frösche, Kröten und alle Lurche machen eine ganz bestimmte Verwandlung durch. Sie spiegeln im Verlauf ihres Lebens eine Entwicklung wider, die vor mehr als 350 Jahrmillionen ihren Anfang nahm, als nämlich die Ahnen der heutigen Lurche schrittweise begannen, das Wasser zu verlassen und sich dem Leben an Land anzupassen. Damit begründeten sie die riesige Dynastie der vierfüßigen Wirbeltiere.

Eier, in eine schützende, gallertige Masse gepackt und meist auf irgendeine Weise in oder zum Wasser gebracht – so beginnt das Leben der Frösche. Froschjunge, also Froschlarven oder Kaulquappen, brauchen noch Wasser zu ihrer Entwicklung. Sie sehen im frühen Stadium auch noch einem Fisch wesentlich ähnlicher als einem an Land lebenden Frosch, zu dem sie sich entwickeln. Unsere heimischen Frösche setzen im Frühling ihre in Gallerte gebetteten Eier, den Laich, in Seen und Tümpeln ab, doch ist das durchaus weder die einzige noch die allgemein übliche Methode, dafür zu sorgen, daß die künftigen Larven in das lebensnotwendige Wasser kommen. Der große südamerikanische Laubfrosch z.B., der wegen seiner schallenden, außergewöhnlichen Stimme «Schmied» heißt, gibt sich nicht mit einer solchen Eiablage in Teich oder Tümpel zufrieden. An günstigen Uferstellen baut das Männchen ein kleines Becken für die Eier des Weibchens, indem es einen kreisrunden Wall aus dem Schlamm herausdrückt. Nachts ruft es dann so lange, bis ein Weibchen kommt und den Laich in das wassergefüllte Privatbassin absetzt. Andere Frösche wieder verstehen es auf raffinierte Weise zu vermeiden, zur Eiablage selbst das Wasser wieder aufsuchen zu müssen, als wären sie mit dem Erwachsensein plötzlich wasserscheu geworden. Ruderfrösche – und ähnlich auch die Makifrösche – suchen Zweige, die über ein wenig bewegtes Gewässer ragen, und legen dort ihre Eier in einer schaumigen Masse an Blättern ab. Knapp ehe die Larven aus den Eiern schlüpfen, beginnt sodann der erstarrte Schaum flüssig zu werden, und die winzigen Kaulquappen tropfen in das Wasser hinab, wohin sie gehören. Tropische Engmaulfrösche legen den Laich in Baumlöcher, die mit Regenwasser gefüllt sind, und manche Antillenfrösche, die weit über Südamerika verbreitet sind, in Blatttrichter von Bromelien, in denen sich ebenfalls nicht unbeträchtliche Mengen Regenwasser ansammeln kann. Der Mexikanische Engmaulfrosch wartet erst heftige Regengüsse ab, ehe er seine Eier rasch in Wasserpfützen bringt; schon nach zwölf Stunden schlüpfen seine Larven. Und manche Frösche, die extrem trockene Gebiete bewohnen, legen ihre Eier an solche Stellen, die regelmäßig in der Regenzeit überflutet werden. Erst wenn der Regen dann tatsächlich einsetzt, schlüpfen die Larven aus diesen Eiern und entwickeln sich im angestauten Wasser sehr rasch. Bei manchen Arten bleiben auch die Weibchen, die außerhalb des Wassers laichen, über ihren Eiern sitzen und benetzen sie ab und zu, damit sie nicht austrocknen. Am seltsamsten aber mutet die Brutpflege des Darwin-Nasenfrosches an, der in Patagonien und in Chile vorkommt. Die Weibchen dieser Frösche legen auf trockenem Land nur 20 bis 30 Eier ab, die dann von etlichen Männchen bewacht werden. Wenn sich nach etwa zwanzig Tagen die Larven in den Eiern zu bewegen beginnen, nimmt jedes Männchen mit der Zunge etliche Eier auf, schluckt sie jedoch nicht, sondern praktiziert sie in seinen vergrößerten Schallsack! Dort schlüpfen die Kaulquappen, machen in dieser außergewöhnlichen Kinderstube die Entwicklung bis zum fertigen Fröschchen durch und schlüpfen schließlich dem Vater aus dem Maul!

Wir sehen, auch hier zeigt sich eine Fülle oft sehr komplizierter Verhaltensweisen, die alle darauf hinzielen, die Arten zu erhalten, die sich in die verschiedensten Lebensräume einpassen konnten. Und auch hier hat sich zunächst in jedem einzelnen Fall eine Folge zahlreicher Wechselwirkungen aufgebaut und aneinandergereiht, bis die Kette von Handlungen, die sich heute in jeder dieser Verhaltensweisen zeigt, entwickelt und im Tier verankert war. Und wir beobachten sie, immer wieder aufs neue überrascht von dem Spiel, das vor unseren Augen ein kleiner Frosch unbefangen in Szene setzt.

In allen Phasen ihres Lebens zeigt sich bei den Fröschen heute noch die Grundtendenz ihrer Ahnen, sich dem Leben an Land möglichst anzupassen, unabhängig von Wasser zu werden. Ihre Eier sind – noch – sehr feuchtigkeitsbedürftig, und in der Regel sind auch die Kaulquappen noch an das Wasser gebunden, wenn sie sich auch an die verschiedensten Möglichkeiten angepaßt haben. Wesentlich für die Verbreitung der Frösche ist, daß die meisten ihrer Kaulquappen Pflanzenfresser geworden sind, denn Pflanzen und Schlamm enthält fast jedes Gewässer. Mit ihren Hornschnäbeln oder -zähnchen knabbern und schaben sie Wasserpflanzen ab und holen Freßbares aus dem Schlamm. Die Larven der weniger weit verbreiteten Schwanzlurche sind heute noch Fleischfresser.

Bei manchen Froscharten zeigt sich in dieser Phase noch eine zusätzliche Abkehr vom Wasser: Sie überspringen in ihrer Entwicklung das Larvenstadium, indem bereits fertigentwickelte Fröschchen aus den Eiern schlüpfen!

Die normal im Wasser lebende Kaulquappe entwickelt sich allmählich vom Wassertier zum an Land lebenden Frosch. Die äußere Veränderung läßt sich leicht verfolgen. Die Hinterbeine strecken sich, die Vorderbeine brechen durch, und der Schwanz schrumpft immer mehr ein. Gleichlaufend vollzieht sich im Innern die nötige Umstellung. Die Kiemen bilden sich zurück, und Lungen entwickeln sich. Nun muß die Larve immer wieder auftauchen, um Luft zu holen. Hornschnäbel und -zähnchen verschwinden, und das breite Froschmaul beginnt sich zu dehnen. Ein winziges Wesen, das wohl froschähnlich, aber noch kein vollkommener Frosch ist, kriecht aus dem Wasser und kauert erst noch eine Weile am Ufer. Es fastet sich vom Pflanzenfresser zum Fleischfresser hinüber, und wenn auch diese Entwicklung abgeschlossen ist, hüpft ein ganz kleines Fröschchen davon.

Im Grunde ist diese Verwandlung nicht weniger wunderbar als die Metamorphose der Insekten. Ein Tier wandelt sich innen und außen, bekommt eine völlig neue Gestalt, nimmt mit einem ganz und gar andersartigen Lebensraum Beziehungen auf, ist nahezu übergangslos in ihm daheim und benimmt sich so routiniert, als hätte es lange Erfahrung gesammelt. Und alles dies spielt sich von selbst ab. Sagen wir: landläufig. Zusammengedrängt im Leben eines Frosches die Erinnerung an Vorgänge von Jahrmillionen Dauer.

Wenn auch der an Land gestiegene Frosch nicht mehr direkt vom Wasser abhängig ist, feuchtigkeitsbedürftig ist er geblieben. Seine Haut ist weich, nur wenig geschützt gegen die austrocknende Wirkung der Luft; die urtümliche Hautpanzerung ist längst zurückgeblieben. Daher ziehen ihn vor allem Gegenden an, wo sich Feuchtigkeit entfalten kann; Grenzbereiche zwischen Wasser und Land, Stellen, wo sich Tau und Bodenfeuchtigkeit halten können. Deshalb finden wir auch in den tropischen Ländern mit ihrem hohen Feuchtigkeitsgehalt die größte und vielfältigste Artentfaltung der Frösche. Dort leben sie auf dem an Schlupfwinkeln reichen Boden und auf allen Stockwerken der Bäume in den verschiedensten Größen, bunt oder schlicht gefärbt, Spezialisten oder weitverbreitete Sippen.

Viele Frösche sind vorwiegend Nacht- und Dämmerungstiere, sie meiden die trockene Wärme des Tages. Besonders Regen lockt sie hervor, denn sie trinken jede Feuchtigkeit mit der Haut, wie sie ja auch durch die Körper- und Mundschleimhaut atmen, obwohl sie Lungen besitzen. Ausscheidungen bestimmter Drüsen halten diese zarte Haut feucht und regeln Verdunstung und Körpertemperatur.

Der uralte Drang, an Land zu kommen und alle Möglichkeiten dafür zu nützen, hat manche Froscharten trotz ihrer angeborenen Abhängigkeit von Feuchtigkeit sogar schon in Gebiete geschickt, wo vorübergehend Trockenzeiten herrschen. Diese für sie unerfreulichen Zeiten überbrücken sie, indem sie sich vergraben, oder sie ziehen sich auf die verschiedenste Weise in besondere Schlupfwinkel zurück. Manche bilden sich für solche Wochen eine Schutzhülle aus der abgestoßenen Hornschicht der Oberhaut.

Die Tatsache, daß Frösche – wie alle Lurche – den urtümlichen Hautpanzer abgelegt haben, hat sie – zu ihrem Vorteil – im Gewicht leichter werden lassen. So konnten sich viele Frösche auf Weit- und Hochsprung spezialisieren. Unser Springfrosch kann bis zwei Meter weit und einen Meter hoch springen! Springspezialisten erkennt man an den besonders langen Hinterbeinen. Ihr Körper ist meist eher klein und stromlinienförmig, und das Köpfchen ist häufig zugespitzt. Doch bei weitem nicht alle Frösche springen! Der Makifrosch beispielsweise – er gleicht einem kleinen, aufgeblasenen Gummifrosch – klettert gemächlich durchs Gezweig, ohne je einen gewagten Sprung zu tun. Er hat auch typische Kletterhände und -füße: der Daumen ist den übrigen Fingern und die erste Zehe den anderen Zehen gegenübergestellt. Andere tropische Kletterfrösche haben Haftscheiben, manche selbst Spannhäute zwischen Fingern und Zehen.

Wenn Frösche Fliegen fangen, fällt auf, daß sie eine Zunge besitzen. Auch sie ist eine Erwerbung durch das Leben an Land. Viele Arten haben sie zur Klappzunge geformt, die vorn, im Unterkieferwinkel, angeheftet ist. Das Hinterende einer solchen Zunge wird herausgeklappt und der Beute entgegengeschlagen. Diese bleibt an der klebrigen Zungenoberfläche haften und wird zusammen mit der Zunge wieder in den Mund zurückbefördert.

Die Gestalt der meisten Frösche geht in ihrer Umwelt auf, in der grüne oder braune Farbtöne vorherrschen, die aber auch in den Tropen unruhig-bunt sein kann durch farbige Blätter, durch Blüten und das Spiel von Schatten und Licht. Erst wenn wir sie herausholen aus ihrer Welt, fällt ihre Färbung auf. Viele sind grün oder braun in allen Tönungen. Sie sind gestreift, gesprenkelt, gefleckt; oben grün und auf der Unterseite grellgelb und braun getigert. Sie können rot und schwarz sein; schwarz, himmelblau und gelb; schwarz-rot-gelb; knallrot und schwarz getupft. Manches bunte Kleid muß auch als Warntracht verstanden werden. Frösche und Kröten weisen Giftdrüsen auf, deren Gift jedoch für Menschenhaut ungefährlich ist. Aus solchen Hautgiften der Baumsteiger- und Blattsteigerfrösche stellen Indianer des tropischen Amerika Pfeilgifte her, die sie bei Jagden verwenden.

Frösche und Kröten erzeugen Laute und verstärken sie oft durch Schallblasen und Schallsäcke. Dadurch finden sie einander im Gewucher ihrer Lebensräume und markieren ihre Reviere. Vielleicht haben ihre Rufe auch noch andere Bedeutungen, die wir noch nicht kennen. Meist lassen sie beim Rufen die Luft zwischen Lunge, Mundhöhle und Schallblase zirkulieren, dabei werden die Stimmbänder in Schwingungen versetzt. Aber es ist weit gefehlt, wenn man etwa annehmen würde, Frösche könnten lediglich murksen und quaken. Frösche piepen zum Beispiel. Erst denkt man, der helle Ton rühre von einem Vogel her, der sein Lied beginnen will. Aber dann stellt sich heraus, daß der

Eintonsänger ein Fröschchen ist, das grün auf einem breiten Bananenblatt hockt. Ein feiner, goldgelber Streif läuft an seinen Körperseiten entlang, und an der Kehle bläht sich ein kirschengroßer, gelbweißer Kehlsack. Frösche der Tropen flöten, singen, meckern wie Schafe, und wenn man zum erstenmal einen Hornfrosch hört, erschrickt man. Er schreit durchdringend und laut wie ein kleines Kind. Dazu bläht er sich häufig auf, daß er breiter als lang wird, wühlt sich ein Stück in die Erde ein und reißt sein großes Maul auf, dessen Oberkiefer mit spitzen Zähnen besetzt ist. Zu bestimmten Zeiten schreit in den warmen Nächten der Tropen der «Schmied», um ein Weibchen zu seinem kleinen Schlammbecken zu rufen. «Donk-donk-donk» klingt es, als schlüge einer mit einem Hammer auf Eisen. Er ist einer der größten Laubfrösche.

Eine Menge merkwürdiger Eigenheiten haben Frösche im Laufe der Zeit entwickelt. Manche lassen sich deuten, man kann sie verstehen aus den Zusammenhängen ihrer Lebensweisen. Manche müssen wir als Äußerungen werten, deren eigentlicher Sinn uns verborgen ist. So wächst beispielsweise den Männchen der scharf bekrallten Haarfrösche zur Paarungszeit seitlich ein 10 bis 15 Millimeter langer «Pelz». Wozu? Wir wissen es nicht. Und warum mißt bei einem Harlekinfrosch aus dem Amazonasgebiet die Kaulquappe 25 Zentimeter in der Länge, der erwachsene Frosch dagegen nur siebeneinhalb?

Der junge Gecko, der morgens vor der Tür saß, als ich sie öffnen wollte, hatte manches von einer Eidechse an sich, doch es bestand kein Zweifel, daß er ein Gecko war. Vermutlich ein Nachkomme jener großen, die hinter den Orchideentöpfen hausten. Nur, wo er als Ei geklebt haben mag, ließ sich nicht einmal vermuten. In einer Mauerspalte? Zwischen Rindenrissen? Es gibt tausend Verstecke für Gecko-Eier. Ich wollte den Kleinfingerlangen noch näher betrachten und manövrierte ihn in eine Schachtel hinein. Sehr vorsichtig, denn ich wollte nicht, daß er seinen Schwanz verliere. Auch zwei der großen Geckos hatten nur noch Stummelschwänze. Geckos werfen die Schwanzspitzen bei Gefahr genauso ab wie die Eidechsen. Zu diesem Zweck ist in der Schwanzwirbelgegend eine Bruchstelle vorgebildet. Dann zappelt das zurückgelassene Schwanzstück, während das Tier das Weite sucht, und es bleibt zu hoffen, daß dieses Manöver den Feind tatsächlich abzulenken vermag. Allmählich wächst der Schwanz wieder nach, wenn er auch nie wieder so lang wird, wie er ursprünglich war.

Mein kleiner Gecko kroch zögernd in die Schachtel hinein und blieb eine Weile ungestört. Dann öffnete ich sie langsam. Dunkel und flach hockte er in der hintersten Ecke, nicht viel mehr als ein kleiner Schatten. Er liebt den hellen Tag nicht, der zu viel verwirrendes Licht in seine großen Augen schickt, die nun zu schmalen, senkrechten Schlitzen abgedunkelt waren. Der Kleine regte sich nicht. Vorsichtig berührte ihn ein Bleistift. Es nützte nicht viel, nur der dünne, spitz auslaufende Schwanz zuckte irritiert. Ganz plötzlich aber saß der Kleine auf meiner Hand! Samtig und kühl fühlt er sich an. Seine Haut scheint nicht schuppig zu sein wie die der Eidechsen. Das kommt daher, daß seine Schuppen nicht überlappen, sondern an den Rändern dicht aneinanderstoßen. Er hockte fest angeschmiegt. Selbst sein großes Kinderköpfchen lag flach auf meiner Hand. Nach wie vor waren die Pupillen der großen Augen bis auf den schmalen Spalt geschlossen. Seine Kehle bewegte sich gleichmäßig und rasch.

Geckos sind vor allem in warmen Ländern in vielen Arten weit verbreitet. Bei uns ist der Mauergecko, der im Mittelmeergebiet daheim ist, der bekannteste. Eine außerordentlich weite Verbreitung hat der afrikanische Hausgecko, der außer in Afrika auch in Südamerika anzutreffen ist. Dort ist er allerdings erst in jüngster Zeit eingewandert, vermutlich mit Schiffen übers Meer gebracht. Überhaupt sind Geckos häufig in Menschennähe. Häuser, Hütten, Schiffe und Boote bieten ihnen genügend Verstecke, und nachts fliegt ihre Nahrung ausgiebig zum Licht. Darüber hinaus sind sie in den verschiedensten Lebensräumen daheim. Der Sandgecko bewohnt Wüstengebiete, ein Fächerfußgecko lebt in Steinwüsten sogar bis in Höhen von 2000 Meter hinauf, und manche kommen in Wäldern vor. Wie bei den Fröschen gibt es auch bei ihnen strenge Spezialisten und weltoffene Wanderer, schlichtfarbig gekleidete und herrlich bunte Tiere, die an Farbenpracht den schönsten Eidechsen nicht nachstehen. Viele von ihnen zirpen, geckern oder rufen recht laut; sie sind die einzigen Kriechtiere mit echten Stimmen.

Zu der nächsten Verwandtschaft der Geckos zählen die Leguane, unter denen der Grüne oder Große Leguan ein Drache in Kleinformat ist. Kleinformatig verglichen mit Drachen – neben anderen Leguanen ist er sehr groß, denn er kann insgesamt, also Körper und Schwanz, bis über zwei Meter lang werden. Seine Schuppen und Schilde sind bräunlich und grün, über Rücken und Schwanz läuft ein Kamm, der bei Männchen bis an die zehn Zentimeter lang werden kann, und kammartige Fortsätze zieren auch den mächtigen Kehlsack. Diesem Tier erstmals unvermutet gegenüberzustehen ist ein Erlebnis, das man kaum mehr vergißt. Für die einheimischen Südamerikaner ist sein Anblick allerdings nichts Ungewohntes; in manchen Gebieten kommt der Große Leguan recht häufig vor. Er scheint auch verhältnismäßig rasch zu wachsen, sofern er das ganze Jahr genügend Nahrung findet. Alle Echsen wachsen ja unbegrenzt, die Jungen rasch, die Erwachsenen wesentlich langsamer, und ab und zu müssen sie sich häuten, denn ihre verhornte Oberhaut wächst nicht mit ihren Körpern mit. Dafür gewährt sie ihnen besten Schutz und macht sie weitgehend unabhängig von Wasser und Feuchtigkeit.

Auch unsere kleinen, zierlichen Eidechsen gehören, das sieht man ihnen an, in die große Gruppe der Echsen. Sie sind alle ungemein flink und scheu und zeigen sich nur, wenn das Wetter bei uns warm und sonnig ist. Wie alle Eidechsen sind auch sie auf Wärmezufuhr aus ihrer Umgebung angewiesen. Darum liegen sie mit Vorliebe in der Sonne, flach auf dem Stein, an die Erde gedrückt, um möglichst viel Wärme aufnehmen zu können. Doch selbst während ihres Wärmebades sind sie sehr aufmerksam, und es gelingt gar nicht leicht, sich ihnen zu nähern. Meist huschen sie davon, ehe man bis auf zwei Armlängen an sie herangekommen ist. Schließlich gelingt es doch, eine durch zeitlupenlangsames Anschleichen zu überlisten. Dann liegt die Zierliche vor unserem Blick, fast reglos. Wie aus Perlen gefügt wirkt ihr Kleid, in Tönungen von Braun und Grau. Besonders prächtig sind im Frühling die Männchen der Zauneidechsen mit ihrem starken Grün neben dem dunkelgezeichneten Braun. Solange sich nichts auffällig bewegt, bleibt die Eidechse ahnungslos. Eine Hummel zieht über sie. Ihr Köpfchen ruckt aufmerksam, ihr blankes Auge fixiert. Sie beruhigt sich wieder. Bewegung macht sie mißtrauisch.

Über Südeuropa ist die prächtige Smaragdeidechse weit verbreitet. In Mitteleuropa kommt sie nur an besonderen Wärmeinseln vor. Die erwachsenen Männchen sind leuchtendgrün, im Frühling glänzendblau an der Kehle. Noch etwas größer ist die Perleidechse, die bis achtzig Zentimeter Länge erreichen kann. Sie ist sehr schwer zu überraschen, denn sie ist äußerst vorsichtig und scheu. Doch wenn es gelingt, sich an eine heranzupirschen, versteht man ihren Namen nur zu gut: Ihr Schuppenkleid glänzt und schimmert wie kunstvolle Perlenstickerei in wundervoll abgestimmten Farben, grüngetönt und hellbräunlich. Reihen von leuchtendblauen Malen, die häufig schwarz gerandet sind, zieren ihre grünen Flanken.

Von den meisten Eidechsenarten ist bekannt, daß die Männchen bestimmte Reviere besitzen und diese verteidigen. Bei der Begegnung mit Artgenossen zeigen sie ein sogenanntes Imponiergehaben. Dabei wird der Körper so gewendet oder aufgereckt, daß auffallend gefärbte Teile besonders zur Geltung kommen. Das weist darauf hin, daß die Tiere nicht nur gute Augen besitzen – die sie ja zum Erkennen der Beute benötigen –, sondern daß sie auch Farben sehr eindrücklich wahrnehmen können. In die Enge getrieben, stoßen manche Eidechsen zischende Laute aus, bei weit aufgerissenem Maul.

Alle heute lebenden Kriechtiere – je rund 3000 Arten Echsen und Schlangen und über 200 Schildkrötenarten – sind ganz offensichtlich Nachfahren jener Riesenformen, die im Erdmittelalter in Hochblüte standen und damals in alle Lebensräume der Erde vordrangen. Diese Riesenformen wurden allmählich zurückgedrängt und starben aus. Heute besetzen Lurche die wassernahen, feuchtigkeitsreichen Gebiete der Erde, während die Kriechtiere durch ihren Hautpanzer und ihre pergament- oder kalkschaligen Eier unabhängig vom Wasser wurden, jedoch sehr wärmebedürftig sind. Dementsprechend konnten sie sich über tropische und gemäßigt warme Zonen verbreiten. – Wenn wir uns in einem solchen flüchtigen Überblick das Wogen der viele Jahrmillionen währenden Entwicklung vergegenwärtigen, wird deutlich, wie sich auch im Großen in der Natur, gesteuert durch Gesetzmäßigkeiten, immer wieder ein Gleichgewicht aufbaut, sich eine Weile erhält, wieder unmerklich verschiebt, um sich aufs neue einzupendeln.

Was wir in unseren Jahren in den Tropen mit Schlangen erlebten, entbehrt jeder Sensation. Keine verfolgte uns, keine fiel uns an, von Schlangen drohte uns keine Gefahr. Einigemale begegneten wir unvermutet einer, doch erkannten wir sie rechtzeitig, und sie suchte schlängelnd das Weite. Wer von ihren allgemeinen Lebensgewohnheiten weiß, kann Überraschungen meist vermeiden.

Die meisten aller Unfälle mit Schlangen gehen auf Unwissenheit oder Sorglosigkeit zurück. Namentlich Einheimische vertrauen oft allzusehr auf ihr Glück, ohne das Ihre dazu zu tun. So ziehen sie auch bei Arbeiten, die sie mit ziemlicher Wahrscheinlichkeit mit Schlangen in Berührung bringen können, meist keine Schuhe an, obwohl sie wissen, daß eine Schlange vor der Erschütterung, die ein fester Tritt auf dem Boden hervorruft, flieht und daß sie beißt, wenn man sie unvermutet berührt. Beispielsweise fordert immer wieder jedes Jahr die Bananenernte ihre Opfer durch Schlangenbisse. Die abgeschnittenen großen Bananenfruchtstände werden an den Straßenrändern aufgetürmt und zugedeckt und bleiben ein, zwei Tage liegen, bis sie auf Lastautos verladen werden. Viele Schlangen sind Nachttiere, wenn der Morgen kommt, schlüpfen sie in ein Versteck und verdösen dort den Tag. Auch aufgetürmte Bananencachos sind für Schlangen ein Tagversteck. Dann werden die Bananen verladen, der Arbeiter tritt mit nacktem Fuß auf eine schlafende Jararaca, sie erschrickt – und beißt.

Wenn man Schlangen nahe betrachten will, muß man sie meist auf dieselbe Weise beschleichen wie Eidechsen. Sie legen keinen Wert auf eine Begegnung mit Menschen, im Gegenteil. Was keine beutegerechte Größe aufweist, ist uninteressant für sie. Als wir an der Praia Maranduba Krabben beobachteten, legte uns diese Tatsache einmal mehr eine Korallenschlange nahe. Unweit des Flutstreifens hatte eine Krabbe ihr Loch. Wir schoben uns vorsichtig näher, und dabei fiel mein Blick auf einen Schlangenleib, der zwischen Tang und Muschelschalen, ein paar toten Fischchen und Schneckenhäusern lag. Er war herrlich bunt gezeichnet, schwarz-gelbrot geringt. War die Schlange tot? Sie regte sich nicht. Und ist sie eine giftige Korallenschlange oder die ungiftige Doppelgängerin? Als ich näher kam, nun ganz leise im Sand, sah ich, daß sie züngelte. Bis auf anderthalb Meter ließ sie mich heran, sie hatte mich viel früher als ich sie bemerkt. Dann löste sie geschmeidig ihren bunten Leib aus dem Gewirr des Flutstreifens, das ihn halb verdeckte, und bewegte sich anmutig und ohne Eile weg von mir, glitt über Ranken, die überall große rosa Trichterblüten trugen, und verschwand im Gewucher der Strandbewachsung.

Schlangen sind anders als alle anderen Tiere. Auch ganz anders als die übrigen Kriechtiere, ihre nächsten Verwandten, die Echsen, Krokodile und Schildkröten. Offensichtlich haben sie einen ganz eigenen Weg bei ihrer stammesgeschichtlichen Entwicklung beschritten. Gemeinsam mit den übrigen haben sie den Panzer aus verhornter Oberhaut, der mit Schuppen und Schil-

weitgehend unabhängig macht von Wasser und Feuchtigkeit. Wie die meisten anderen Kriechtiere legen auch Schlangen in der Regel pergamentschalige Eier, aus denen bereits kleine Schlangen schlüpfen; sie machen also keine Metamorphose wie die Lurche durch. Und auch Schlangen sind wechselwarm, d.h., sie müssen von außen angeheizt werden und sind dementsprechend dort daheim, wo ihnen Wärme geboten wird. Deshalb treten auch sie in tropischen und subtropischen Ländern in der größten Arten- und Individuenzahl auf, und deshalb sind sie auch bei uns an heißen Tagen besonders aktiv.

Ein Charakteristikum der Schlangen ist, daß sie keine Beine besitzen. Zwar gibt es auch einige Echsen, die keine oder nur angedeutete Beine aufweisen, dieses Merkmal trennt hier also nicht eindeutig ab, doch gibt es keine Schlange, die auch nur im Skelett Beinansätze zeigte. Ihr Leib ist lang und schlank, weist bis 400 Wirbel und frei endende Rippen auf, und das hängt eng mit ihrer Beinlosigkeit zusammen. Denn ein langer, schlanker Leib bietet viele Ansatzpunkte für die Fortbewegung. Es grenzt ans Unglaubhafte, wie vollendet harmonisch und wie flink sich Schlangen trotz fehlender Beine fortbewegen können. Wir können es im Terrarium beobachten, noch besser in einem «Schlangenpark», wo die Tiere größere Bewegungsfreiheit haben. Mühelos und rasch gleiten sie weg, meist in weicher, horizontaler Wellenbewegung. Darüber hinaus können Schlangen – je nach Art – schwimmen, tauchen, sich in Erde einwühlen und auch auf Bäume klettern. Manche scheinen sogar zu fliegen, zumindest sieht ihr steiler Sprung aus den Kronen der Bäume beinahe wie ein Flug aus.

Das Rückbilden der Beine hat, wie man also sieht, der Beweglichkeit der Schlangen keinen Abbruch getan, es hat sich lediglich bei ihnen eine andere Art und Weise der Fortbewegung ergeben. Auch den Gehörsinn, der bei den anderen Kriechtieren zum Teil sehr gut entwickelt ist, haben Schlangen verloren. Das ist zu verstehen, wenn man sich vorstellt, wie verwirrend geräuschvoll die Welt für ein Lebewesen sein müßte, das sich durch Gras und Gebüsch, über Sand, Baumstämme und belaubte Zweige windet. Es wäre andauernd von tausend nahen Geräuschen umspielt, die die noch so leise Fortbewegung des eigenen, langen Körpers hervorrufen muß. Diese nahe Lärmkulisse würde keine anderen, entfernteren Laute zu ihm vordringen lassen. Schlangen haben dafür einen sehr fein entwickelten Sinn für Erschütterungen des Bodens. Und Schlangen sehen gut. Besonders eingespielt ist ihr Sehvermögen auf Bewegungen. Ihr Blick ist sprichwörtlich starr. Auch das ist eine Eigenheit, die mit ihrem Leben zusammenhängt, wie der Verlust des Gehörs. Das Schlangenauge besitzt kein bewegliches Augenlid. Die Augen öffnen und schließen zu müssen oder gar zu blinzeln, wenn sie sich rasch durch Gebüsch und Gewucher bewegt, wäre für eine Schlange nicht vorteilhaft. Die Lösung ist ebenso einfach wie genial: Oberer und unterer Augendeckel sind mitsammen verwachsen und durchsichtig geworden. Wie ein leicht gewölbtes Uhrglas umgibt dieser unsichtbare Schutz das Auge der Schlange. Dadurch allerdings wirkt ihr Blick starr und ungewohnt, daher für manche unheimlich. Doch unheimlich ist nur, was man nicht kennt, von dessen Bedeutung man nicht unterrichtet ist.

Manche Tiere weisen an Hand- oder Fußflächen, an Fingern und Zehen Tastorgane auf, andere tasten mit Fühlern, Haaren und Borsten. Die Schlange tastet mit Hilfe von sogenannten Tastflecken der Schuppen und Schilde und mit der Zunge, die sie, ohne das Maul öffnen zu müssen, durch eine besonders dafür ausgesparte Öffnung herausflakkern lassen kann. Auch Echsen züngeln mit einer ähnlich zweigespaltenen Zunge, wenn auch meist nicht so intensiv und daher weniger auffällig für uns. Und wie Echsen nimmt auch die Schlange mit der Zunge noch anderes wahr als Ertastetes. Die feinen Spitzen dieser höchst beweglichen Zunge nehmen auch zarte Duftspuren aus der Umgebung auf und leiten diese an ein besonderes chemisches Sinnesorgan weiter, das im Mundhöhlendach seinen Sitz hat. Darüber hinaus haben viele Schlangen noch ein weiteres Sinnesorgan, eine weitere Brücke, über die sie besondere Nachrichten aus der Umwelt empfangen. Zwischen Augen und Nasenloch liegen besondere Gruben, die mit einer feinen Membran überzogen sind. Durch sie nimmt die Schlange vor allem Wärmestrahlungen warmblütiger Tiere auf, was ihr wohl besonders beim nächtlichen Jagen zugute kommt.

Allmählich können wir uns eine wenn auch schwache und unvollständige Vorstellung machen, wie die Welt auf eine Schlange wirken mag: ein erspürtes und zum Teil gesehenes Bild, in dem die Bewegung eine große Rolle spielt, das von Erschütterungswellen mitgezeichnet ist, von bestimmten vertrauten, fremden oder störenden Gerüchen geprägt und von wechselnden Temperaturströmungen durchzogen ist. Ein sehr fremdes Weltbild, von Vorstellungskraft und Einfühlungsvermögen nur recht mühsam und auch unvollständig nachgebaut.

Aber verständlicher wird uns daraus die Reaktion des Tieres für den Fall, daß ihm ein großes Lebewesen, ein Mensch, gegenübertritt und damit in diese Umwelt etwas höchst Ungewohntes, Unfaßbares, Fremdes, daher meist Bedrohliches einbricht und alle Wahrnehmungsbrücken der Sinne aufs äußerste belastet zu fibrieren beginnen – die Schlange flieht oder sie beißt dann, wenn sie nicht mehr zu fliehen vermag.

Etwa ein Drittel der ungefähr 2500 Schlangenarten bezeichnen wir als giftig, d.h., die Wirkung der Bisse dieser Schlangen ist unangenehm bis gefährlich für uns. Doch in keinem Fall hat die Schlange das Gift aus Gegnerschaft gegen den Menschen entwickelt. – Jedes Tier ist angehalten, zu fressen und zu verdauen, um am Leben bleiben zu können. Wer auf Fleischnahrung angewiesen ist, muß Beute machen; «freiwillig» gelangt wahrscheinlich nicht einmal Plankton in die Mäuler von Fischen und Walen. In der Regel muß lebendiges Fleisch auf irgendeine Weise erst gefangen und dann einverleibt werden. Aufs vielfältigste haben Tiere, und auch etliche Pflanzen, Einrichtungen zum Beutemachen entwickelt. Doch wie fängt ein Tier, das keine Beine zum Festhalten hat, weil es beinlos ist, das keine klebrige Zunge zum Festkleben besitzt, weil der Zunge andere Aufgaben zugewiesen sind, und das sein Maul nicht kraftvoll beißend zuschnappen lassen kann – wie fängt ein solches Tier seine wehrhafte Nahrung? Der schlanke, beinlose Schlangenleib kann sich auch nicht beliebig verankern, während die Zähne die sich wehrende Beute schlagen, die alles daransetzt, noch im letzten Moment zu entwischen, und sei es zerbissen, zerkratzt und geschunden. So umschlingt die Schlange mit ihrem muskulösen Leib das Beutetier und zerdrückt es. Dann wehrt es sich nicht mehr, wenn sie es in sich hineinschlingt. Ihr Maul und ihr Magen sind enorm dehnbar, und der Verdauungssaft ist scharf.

Oder die Schlange macht auf andere Weise das Opfer bewegungslos, ehe sie es zu fressen beginnt. Sie sticht es mit besonderen, hohlen, dolchartigen Zähnen an, spritzt ihm scharfen Speichel ein – die Beute wird gelähmt oder getötet. Die Schlange verschlingt sie und injiziert ihr häufig dabei den vorverdauenden Speichel noch weiterhin zusätzlich, damit wird dem Magen und den Verdauungsdrüsen die Arbeit erleichtert. Der scharfe Speichel, der die Beute bewegungsunfähig macht, wird in Speicheldrüsen erzeugt, die in diesem Fall Giftdrüsen heißen. Von ihnen leitet ein Kanal den besonderen Speichel, das Gift, zu den giftübertragenden Zähnen. Hat die Giftschlange ihre Beute verschlungen, sind ihre Giftdrüsen entleert, und allmählich wird wieder neues Gift vom Körper gebildet, das vom Tier für die nächste Mahlzeit verwendet wird. Doch geht es nach ihrem Vermeinen ums Leben, wehrt sich auch die Schlange mit dem einzigen Instrument, das ihr dazu zur Verfügung steht, wenn sie keine Riesenschlange ist: mit dem Gebiß. Sie beißt. Je nach Stärke des Giftes kann sie dabei den Gegner töten oder verletzen, auch den Menschen, wenn er für sie als Gegner auftritt.

Ab und zu kündet sich bei jeder Schlange eine Häutung an; bei jungen Tieren auch hier in kürzeren, bei erwachsenen in langen Abständen. Dann weist ihr Auge eine Trübung auf, denn auch der uhrglasähnliche Augenschutz wird bei der Häutung ausgewechselt. Sie zieht sich meist für einige Tage in ein Versteck zurück. Schließlich reißt die Haut an den Maulrändern, und das Tier kriecht aus ihr heraus, indem es die alte

Haut, das «Natternhemd», umstülpt. Und nun ist die Schlange schöner als zuvor. Makellos ist die Zeichnung, und satt ist die Farbenpracht ihres Schuppenkleides. Braun abgetönt und mit charakteristischen Zeichen versehen ist es, schimmernd grün, schwarz-gelb-rot oder himmelblau-schwarz geringt oder kontrastreich schwarz und grün gefärbt. Es kann getigert sein, gefleckt, mit Winkeln, Schleifen, Hufeisenzeichen oder Ringen geschmückt. Unausdenkbar vielfältig sind Schlangen gefärbt und gezeichnet. Manche sind dadurch eingepaßt in die Welt, in der sie leben, grün die Baumschlangen, braun die Bodenbewohner, oder sie sind, selbst giftlos, wie auffällige giftige Schlangen gefärbt und stehen dadurch bei ihren Feinden in dem Ruf, ebenfalls giftig zu sein. Vieles davon erkennbar sinnvoll und zweckgebunden, doch manches auch hier offensichtlich losgelöst von Notwendigkeit und Zweckmäßigkeit, Zeugnis jener enormen Gestaltungskraft, die nicht kleinlich zuteilt und wägt, sondern nach allen Möglichkeiten schafft und allem Ausdruck verleiht.

Der südamerikanische Makifrosch klettert gemächlich durchs Gezweig, ohne einen Sprung zu tun. Und er ist wasserscheu. Zur Eiablage sucht er über Wasser hängende Zweige auf und legt seinen Laich in selbstgebastelte Blattüten ab. Die kleinen Kaulquappen «tropfen» dann ins Wasser hinunter.

146

Auge des Kolbenfuß-Frosches.

Die schöne grünliche Wechselkröte ist mit der Kreuzkröte verwandt. Ihr Ruf ist ein helles, langgedehntes Trillern. Mit etwa 250 Arten sind die Echten Kröten fast über die ganze Erde verbreitet.

Der südamerikanische Kolbenfuß ist einer der größten Laubfrösche. Mit seinen breiten Füßen baut das Männchen am Tümpelrand kleine Becken für seine Brut. Er heißt auch «Schmied», denn seine Stimme ist laut und dröhnend und klingt, als schlüge einer mit einem Hammer auf Eisen.

Die erwachsenen Männchen der Smaragdeidechse besitzen ein leuchtend grünes Kleid, dessen Pracht sich im Frühling durch die Blaufärbung der Kehle und der Kopfseiten noch steigert.

Rechts:
Chamäleons weisen neben ihrem sprichtwörtlichen Vermögen, die Farbe zu wechseln, noch manche weitere Besonderheiten auf. Z. B. sind ihre Augen unabhängig voneinenander beweglich und besitzen ein beschupptes, ringförmiges Lid, die Schleuderzunge mancher Arten ist so lang wie der gesamte Körper, die Füße bilden Greifzangen, und der Schwanz vermag eine Hand zu ersetzen.

In den Tropen sind Geckos nützliche, kleine Hausgenossen, die namentlich nachts munter sind.

Links:
Der bis meterlange Teju ist über weite Teile Südamerikas verbreitet. In bewohnten Gebieten wird diese Art «Eierdieb» beschimpft, wegen seiner Vorliebe für Hühnereier.

Bereits in Südeuropa begegnen wir häufig den Schildkröten, die in vielen Arten Land und Gewässer der gemäßigten und warmen Zonen bevölkern. Die Europäische Sumpfschildkröte ist weit über Mittel- und Südeuropa, Nordwestafrika und Kleinasien verbreitet. Sie ist dunkel gefärbt, und die in südlichen Gebieten lebenden Tiere weisen charakteristische gelbe Flecken auf.

Die Nashornviper ist ein massiges, schweres, herrlich bunt gezeichnetes Tier. Sie wird bis 1,5 m lang. Ihren mächtigen Kopf ziert das merkwürdige, typische Nashorn. Sie besitzt sehr lange Giftzähne, gilt jedoch als beißunlustig.

152

Die Jararaca, eine Lanzenotter, ist die häufigste Giftschlange Brasiliens; ihre typische Zeichnung sind dunkle Dreiecksflecken auf hellerem Grund. Das abgebildete Tier nimmt die charakteristische S-Stellung ein, aus der heraus Schlangen blitzschnell zustoßen können. Irritiert hält sie die Schwanzspitze hochgerichtet.

Der Vogel

Wo wir sein mögen, sind Vögel um uns. Sogar in der Großstadt, wenn sie auch dort etwas dreister und ellbogenfreier geworden sind durch die Einwirkung dieser Umgebung und für viele herabgesunken sind zu unbeachteten Statisten ihres eigenen gehetzten Alltags. Liegt es nicht an uns, auch im frechen Großstadtspatz den kleinen Federball zu erkennen? Den geschwänzten, schwarzäugigen, tschilpenden, der erfüllt ist von munterer Lebendigkeit, und wer ihn auch nur einen kurzen Augenblick auf sich wirken läßt, muß sich freuen über ihn.

Wir Menschen waren immer schon den Vögeln in ganz besonderer Weise zugewandt. In Freude und Staunen, aber auch aus dunkler Furcht heraus oder im Bestreben, durch seine Gestalt Schutz und Segen aus jenen Höhen auf uns herabzuzwingen, gegen die er selbst aufsteigen kann. Erzählungen, Märchen, Sagen, Mythen und Symbole erzählen davon. Inzwischen haben wir gelernt, den Vogel aus einer Sicht zu betrachten und zu beobachten, die uns den Schlüssel zu ihm selbst in die Hand legen soll. Wir erkennen auch in ihm die vielfältige Verwirklichung einer irgendwann aufgekeimten Idee, die sich, Gestalt suchend und findend, im Laufe vieler Jahrmillionen entfaltete und deren mannigfaches Erscheinungsbild auch in Zukunft nicht unverändert bleiben wird.

In erster Linie und allem voran sind Vögel Flieger. Wir zweifeln nicht daran, wenn wir den Schwalben oder den Mauerseglern bei ihren unerhörten Flugkünsten zusehen. Auch nicht bei Meisen und Rotschwänzchen, nicht einmal beim Großstadtspatz. Doch wie steht es um den Vogel Strauß und die übrigen flugunfähigen, gewichtigen Laufvögel? Und um die Pinguine, deren Flügel Flossen sind? Sie sind keine Flieger, und dennoch sind sie unzweifelhaft Vögel.

Ein Charakteristikum des Vogels ist, daß er, ein Wirbeltier, das vordere Paar der Gehwerkzeuge zu Flügeln umgebildet hat. Wenn wir uns im Reich der Tiere umsehen, bemerken wir, daß sich wiederholt im Laufe der Stammesentwicklungen Unsatzpunkte zu Vorstößen gegen den Luftbereich ergeben haben. Wie Meere, Erde und Süßwasser allmählich durch Tiere besiedelt wurden, bildeten sich auch Formen aus, die den Luftbereich bevölkern konnten. Das Riesengeschlecht der Saurier brachte Flugechsen hervor, die ihre mächtigen Hautflügel spannten. Aus dem Stamm der Gliedertiere zweigten die Insekten ab, entwickelten sich dem Luftraum entgegen und bildeten dabei ihre gläsernen Flügel aus. Und Fledermäuse sind Säugetiere mit Flughäuten. Bei allen diesen Gruppen ist die Haut maßgeblich an der Flügelbildung beteiligt.

Beim Vogel ging die Entwicklung einen grundsätzlich anderen Weg. Arm und Hand wurden zum Flügel. Die Knochen verlängert, verkürzt, mehr oder weniger umgebildet, und die Hand mit drei statt mit fünf Fingern. Zwischen Ober- und Unterarm und zwischen Unterarm und Hand spannt sich die Flughaut aus, ein schmaler Rand im Vergleich zu den Flächen der urtümlichen Echsen- und der heutigen Fledermausflügel. Die Tragfläche des Vogelflügels wird von Federn aufgebaut.

Aber selbst mit Hilfe dieser wunderbar durchgebildeten Flügel wäre noch kein Wirbeltier ein zum Fliegen befähigter Vogel. Nicht nur ist das gesamte Skelett bei ihm entsprechend umgebaut im Hinblick auf die Flugtüchtigkeit, aufs vielfältigste ist der Körper des Vogels leicht gemacht worden, ohne indessen die Stabilität zu verlieren. Alle möglichen Räume seines Skelettes, seines Körpers überhaupt, sind deshalb mit Luft gefüllt. Wo den Knochen außerordentliche Festigkeit abgefordert wird, sind sie in besonderer luftdurchlässiger Konstruktion aufgebaut. Die Lungen sind ungemein leistungsfähig und ausgedehnt. Luftsäcke umgeben alle Organe, und feine, luftgefüllte Auszweigungen reichen bis in die Wirbel, bis in die Bein- und Flügelknochen hinein. Daneben gibt es allerdings auch sehr fluggewandte Vögel, wie Möwen, bei denen Knochen mit Mark gefüllt sind. – Diese Luftfülle des Vogelkörpers steht außer mit dem Herabsetzen des Vogelgewichtes und mit der Atmung auch mit der Regelung der Körpertemperatur in einem engen Zusammenhang. Immer wieder ist man bei solchen Anlässen versucht, von genialen Erfindungen der Natur zu sprechen, wenngleich eine solche Ausdrucksweise den Tatsachen in ihrer eigentlichen Lebendigkeit und in ihrem Verflochtensein keineswegs gerecht werden würde.

Was beim Säugetier Arme und Hände ausführen, müssen beim arm- und handlosen Vogel Hals und Schnabel leisten. Daraus wird uns auch die große Vielseitigkeit und die verschiedenartige Gestalt des Vogelschnabels begreifbar und die Ausformung des Halses, der bei Vögeln 11 bis 25 Wirbel aufweist, während Säugetiere mit sieben Halswirbeln auskommen. Wie vielerlei komplizierte Arbeiten führen Vögel mit größter Geschicklichkeit mit dem speziell geformten Schnabel im Zusammenspiel mit dem wendigen Hals aus! Sie schlagen gezielt und bohren, weben und flechten, picken und stechen, knacken und saugen, zerreißen und halten fest.

Bei aller Leichtigkeit des Vogelkörpers aber und dem wunderbaren Werkzeug der Flügel, die von kräftigen Brustmuskeln bewegt werden, bemerken wir, daß Vögel nur bis zu einer bestimmten Größe und Schwere flugtüchtig sind. Jene, deren Gewicht über einer gewissen Grenze liegt, sind, wie Strauße, Emus, Kasuarvögel, zur Erde zurückgekehrt. Wohl tragen ihre Flügel noch Schwung- und Deckfedern, doch sind sie verkümmert und taugen nicht mehr zum Fliegen. Und die Pinguine haben sich weitestgehend dem Leben im Wasser angepaßt. Die Gestalt hat sich gewandelt, die Flügel lassen noch am Skelett die Abstammung vom flugtüchtigen Instrument erkennen, doch sie sind zu Ruderflossen geworden. In diesem Heraustreten einzelner Vogelgruppen aus dem Luftbereich, zu dem hin sich gerade Vögel grundlegend entwikkelt haben, zeigt sich ein Zug, der in der Natur immer wieder in Erscheinung tritt: Jahrmillionenlang entwickeln sich Insekten zu Flugtieren – eine Gruppe kehrt zur ständigen Erdgebundenheit zurück. Ursprünglich dem Wasser entstammend, wenden einzelne Säugetiergruppen sich später wieder dem Leben im Wasser zu. Und Insektenblüten brechen die Verbindung mit den Tieren ab und werden – wieder – windblütig.

Ein Gebilde von bestaunenswerter Vielfalt und Schönheit ist die Vogelfeder. Flaumleicht und, wie sie vor uns liegt, durch einen feinen Atemstoß zu bewegen. Oder lang, mit einem kräftigen Schaft, von dem seitlich die Federäste abzweigen, und diese sind wieder regelmäßig besetzt von den zierlichen Bogen- und Hakenstrahlen. Schlicht gefärbt oder in Tönungen von Schwarz, Sattbraun und Rot bis zum hellen, leuchtenden Gelb oder schillernd in den Farben des Regenbogens. Doch immer ein kaum spürbares Gewicht auf unserer Hand. Sie bilden das Vogelkleid, schützend und nützlich, in bestimmten Straßen der Haut entsprießend, und sie bauen die Tragflächen der Flügel auf. Aber auch farbig und bunt sind sie, charakteristisch für das Lebewesen, das sie trägt. Tausend Federn besitzt ein kleiner Kolibri, bis dreißigtausend ein Schwan.

Auch in der Entwicklung seines Gefieders ging der Vogel einen besonderen Weg. Es läge nahe anzunehmen, Federn seien aus den Schuppen der Reptilienvorfahren der Vögel entstanden. Aber kein Fund aus der Frühzeit gibt auch nur einen Hinweis, daß tatsächlich Federn umgeformte Schuppen sind. Bereits der Juravogel Archeopteryx trug Federn auf seinem noch echsenhaften Leib. Man neigt heute zu der Ansicht, daß Schuppen, Haare und Federn, alles Erzeugnisse der Oberhaut, sich unabhängig voneinander gebildet haben. – Was wissen wir schon von den zahllosen Einzelheiten der Natur, selbst um uns, aus unserer Gegenwart? Wir sagen: Es entstand, es bildete sich, es wurde im Laufe der Jahrmillionen, damit das mächtige Bild des Werdens und des Seins vor unseren Augen Gestalt gewinnen kann. Nur ist uns allmählich diese Formulierung zu geläufig geworden, und wir vergessen zu leicht, daß wir durch sie nur Brücken schlagen über Abgründe des Nichtwissens.

Es steht außer Zweifel, daß Vögel Augentiere sind, Tiere des lichten Tages, mit wenigen Ausnahmen. Die Sehschärfe ihrer Augen kommt der unseren nahe, manche übertreffen uns darin auch, wie beispielsweise der Adler. In der Schnelligkeit des Bildwahrnehmens übertreffen sie uns alle; sie nehmen pro Sekunde durchschnittlich doppelt so viele Bilder auf als wir. Das erinnert uns daran, daß auch die vorzüglichen Flieger unter den Insekten, wie die Libellen, eine gesteigerte Reaktionsfähigkeit der Augen aufweisen. Überall im Leben des Vogels spielt der Gesichtssinn eine wesentliche Rolle. Beim Fliegen, bei der Nahrungssuche, beim Erkennen der vielen Einzelheiten, aus denen sich seine Tage und Jahre aufbauen, beim Finden des Partners, bei der Jungenaufzucht und bei den immer noch in vielem rätselhaften Vogelzügen von Land zu Land, von Kontinent zu Kontinent, selbst von Pol zu Pol.

Und wie die Welt des Vogels von Bildern und Farben erfüllt ist, ist sie auch von Tönen und Melodien reich geprägt. Wer zweifelte daran, wenn er den Sperling tschilpen hört, wenn die Amsel ihr Lied kunstvoll schnörkelt, schluchzt und flötet? Und wer tschilpen, singen, piepen, rufen oder wispern kann, vermag dasselbe auch von anderen zu hören. Die Brücke ist ja immer in beiden Richtungen begehbar. Jeder Singvogel trägt eine bestimmte Melodie in sich. Er besitzt sie so selbstverständlich, wie er sein arttypisches Federkleid an sich trägt, und sie weist ihn ebenso aus. Denn was er in sich trägt, äußert er auch. Diese Melodie kann ihm voll und ganz angeboren, richtiger: eingeboren sein, mit allen Details. Das gilt z.B. auch für die Dorngrasmücke. Selbst wenn man sie isoliert von ihren Artgenossen aufzieht, wenn also der junge Vogel niemals selbst den Gesang einer Dorngrasmücke gehört hat, bricht sich dieser Artgesang in ihm Bahn. Das wenige Wochen alte Vögelchen beginnt aus sich heraus die ganz bestimmte kleine Melodie vor sich herzusingen. Anderen sind dagegen nur wenige ererbte Töne mitgegeben, z.B. dem Buchfinken. Den vollen Gesang müssen sie selbst erlernen. Offenbar haben sie die Fähigkeit entwickelt, Melodien erlernen zu können, nun müssen sie es auch, und die angeborenen Töne erscheinen hier wie Wegmarken.

Diese Artmelodie, die bereits der Jungvogel übt, im begrenzten oder im individuell zu erweiternden Rahmen, erfüllt den Vogel offensichtlich so sehr, daß er jede Gelegenheit nützt, um sich durch sie zu äußern. Wenn wir einem Buchfinken zuhören oder das klare, zarte Gesinge einer Tannenmeise im Ohr haben und den Vogel dabei beobachten, gewinnen wir unweigerlich den Eindruck, daß ihn etwas zum Singen treibt, das mit unserer Lebensfreude verwandt sein muß. Dieser Artgesang ist nicht immer zweckgebunden; beim Jungvogel nicht, und auch später im Jahr steht der Gesang bei den Vögeln für sich allein, ohne Bindung an Reviergrenzung, Partnersuche und Jungenaufzucht. Doch in den besonders aktiven Zeiten des Vogeljahres, zu welchen es gilt, sich den Platz in einer Gemeinschaft zu sichern und zur Fortpflanzung der Art zu schreiten, ist auch der Artgesang, oder Teile davon, in diesen besonderen Dienst gestellt. Häufig verliert der Gesang des Vogels zu diesen Hochzeiten das Spielerische. Als würde auch er unter dem Druck der Ereignisse, die den Vogel in seiner Gesamtheit besetzen, zu einer besonderen Steigerung getrieben, wie sich ja dann auch bei vielen Arten das Federkleid der Männchen, das sie das Leben lang in arttypischer Musterung tragen, wirkungsvoll umfärbt. Doch zur Zeit der Paarung und Brutpflege erfährt nicht nur das Äußere des Vogels eine Steigerung. Sie widerfährt seinem ganzen Wesen.

Seit der Hibiskus in schmalen, brennroten Blumen blüht, besucht ihn Tag für Tag ein Kolibri. Flink und flügelsurrend huscht er rundum die Blüten ab und ist daraufhin für Stunden verschwunden. Neben dem Haus entfaltet die Akazienmimose ihre goldgelben Blütenkugeln, und immer noch blüht der Hibiskusbusch. Doch eines Tages zeigt der Kolibri, dessen persönliches Jagdrevier er ist, sich auffallend verändert. Die Flügel surren wie Propeller. Er huscht an eine Blüte, steckt das lange Schnäbelchen zwischen die grünen Kelchblätter hinein, schwirrt, ruckt zur Seite, schreit spitz, schlägt einen rasanten Bogen, zwitschert dabei, schreit «srrr, srrr», beginnt die nächste Blüte abzusuchen und zwitschert und schreit, sobald er den Schnabel dafür frei hat. In einer halben Stunde ist er schon wieder da, mit Surren und spitzem Geschrei.

Am nächsten frühen Vormittag sitzt er eine Weile im schütter belaubten Baum, unweit seines Hibiskusbusches, auf einem dürren, dünnen Zweig und ruft sein spitzes «Srrr, srrr», das sich in Buchstaben kaum wiedergeben läßt, laut und in einer Regelmäßigkeit, daß es sich eher anhört, als wetze die Grille ein Lied vor ihrem Loch. Bis zum Nachmittag kommt er etliche Male zum Hibiskusbusch, surrend, blütenbesuchend und schreiend wie gestern. Er ist fast nicht mehr wiederzuerkennen, und wüßte ich nicht genau, daß es der gleiche Kolibri wie früher ist, ich würde denken, eine andere Art besuche jetzt den brennrot blühenden Busch.

Nachmittags, die heißesten Stunden sind für heute vorbei, klärt sich das Rätsel auf, wie ich vor den roten Euphorbienblüten stehe und einem rotgebänderten Heliconiusfalter beim Nektarsaugen zusehe. Er tunkt schier unersättlich immer wieder den Rüssel in einen Honigtopf, seine Flügel klappen dabei auf – zu – auf, und das rote Band auf ihnen ist wie ein Widerschein vom

Rot der Blüten. Da sitzt plötzlich wieder der Kolibri auf einem Zweig im gleichen Baum und schreit und schreit. Was er bloß hat? Ich beuge mich langsam vor und sehe ihn im Profil. Weg ist er. Zwei Minuten darauf schreit er wieder vom Zweig und sitzt ebenso im Profil vor mir. Plötzlich huscht es seitlich neben mir. Sitzt dort ein zweiter Kolibri! Den langen, spitzen Schnabel dem Schreihals zugewandt und tut höchst aufgeregt. Pausenlos zucken seine kleinen Flügel, ohne sich weit vom zierlichen Leib abzuheben. Dabei zeigt er weiße Federgrüppchen, die der andere bestimmt nicht hat. Der schreit immer zwischendurch weiter, unentwegt und pausenlos. Nun wird mir alles verständlich. Plötzlich huscht der flügelzuckende kleine Vogel davon, hinüber zum schreienden. Im Nu sind beide weg.

In dieser Zeit scheint der Vogel freier als sonst zu sein. Manche, die sonst Einzelgänger sind, werden vorübergehend geselliger. Sie treten aus dem engen Kreis heraus, indem sich in ihnen eine Brücke zum Partner aufbaut und sie daran anschließend Brüten und Jungenaufzucht gleichsam in den Bann schlägt. Doch geschieht nichts plötzlich. Alles bahnt sich schrittweise an.

Mit den Trauerseeschwalben ist es jedes Jahr dasselbe. Im dunkelschiefergrauen Brutkleid treffen sie im Frühling im kleinen Moor ein, doch zunächst fliegen sie und jagen in Trüppchen, tauchen hier auf und dort, sind unstet, ohne Rast, ohne Ruh. Am Morgen fliegen sechzig, siebzig Stück am Ostrand der Möwenkolonie den Mücken nach, später sieht man sie über den Viehweiden, und ab und zu hört man ihre Schreie hinter dem Schilfstreifen und sieht sie dort ihre wendigen Flüge ziehen. Man wartet vergeblich Tag für Tag, daß sie sich endlich entscheiden: Hier bleiben wir, bauen Nester, legen Eier und brüten. So wird es Mitte Mai, doch die Trauerseeschwalben schwärmen und jagen immer noch in lockeren Scharen. Da werden wir nachdenklich und fürchten fast, sie könnten es doch den Lachmöwen übelnehmen, daß sie sich noch mehr als letztes Jahr ausgebreitet haben. Vielleicht fühlen sich die Seeschwalben verdrängt und ziehen letzten Endes doch noch woanders hin, um dort zu nisten? Doch dann zeigt sich endlich, daß sie sich auch heuer wieder für das kleine Moor entschieden haben. Sie beginnen Nester zu bauen, nicht eben sehr sorgsam, dort, wo das Wasser dunkel schimmert, wo kleine Schlamminseln flach und bläulichschwarz auf dem Spiegel liegen und aus düsterem, morastigem Grund vereinzelte Grasbüschel aufsteigen. Keine Lachmöwe nistet dort, schon gar kein Brachvogel und keine Schnepfe, kein Kiebitz, keine Bekassine. Es ist allein Trauerseeschwalben-Geschmack. Auf die dunklen Schlamminseln, die eben groß genug sind, um je einem Nest Platz zu bieten, bauen sie. Inselchen und Nest schwanken, wenn wir vorüberstapfen. Bald sitzen die wendigen Flieger still auf ihren drei braunschwarz gefleckten Eiern. Jedes Nest ist vom anderen 10,15 Meter weit entfernt, so ist jede Brütende ein wenig distanziert. Kein Kraut, kein Gras schlägt schützend zusammen über ihr. Dennoch ist auch sie getarnt: Brennt die Sonne herab, läuft derselbe Schein, der auf dem Wasser zittert, auch über ihr dunkles Gefieder. Machen ziehende Wolken das Moorwasser dunkel, wirkt auch sie stumpffarben, nicht hell. Und obwohl jede für sich allein ist, gehört sie dennoch mit zum Verband, dessen eben nicht brütende Vögel in nächster Nähe oder direkt über ihrem Nest jagen, schreien, vorüberflitzen und reißend kurven. Nach der sehr kurzen Brutdauer von siebzehn Tagen schlüpfen die Jungen bereits, als könnte dem rasanten Flieger keine lange Brutzeit zugemutet werden. Eines Vormittags liegen zwei buntscheckige Daunenbällchen und ein bereits von innen angepicktes Ei im Nest.

Jede der jetzt hier im kleinen Moor brütenden Vogelarten verhält sich grundlegend anders. Da ist der Rotschenkel, der rotbeinige Vogel mit der Flötenstimme. Kein Jagen im Schwarm, keine Bummelei, ehe er endlich mit dem Nestbau beginnt. Auf einem Pfahl des Stacheldrahtzaunes, der die Roßweide gegen das Moor abgrenzt, steht er oder auf einem Stapel Moorziegeln und flötet sein unverkennbares Lied. Seine helle Vogelstimme hebt sich weit über das Moor mit seinen verhaltenen Farben. «Djü-djü-djü» hebt es an, als entlocke der Frühling persönlich die Töne seiner Flöte, «djü-djü-djü», es verschmilzt und mündet in ein klingendes «Tüdlüdlüdl . . .», variiert ein wenig und wiederholt die jubelnde Strophe. Und dabei kann es sein, daß es den Vogel nicht mehr länger hält auf seinem erhöhten Platz und er seiner Melodie nachfliegt, in verzückten Bogen dem Himmel entgegen. Dann baut der Rotschenkel sein Nest. Der eine hat neben drei Birken gebaut, zwei Schritte vor dem rechten Baum, zwischen Heidekraut, Moos und Gräsern», und seit heute vormittag steht unser kleines Beobachtungszelt davor. Als ich gegen die drei Birken hinstapfe, fliegt ein Rotschenkel mit seinem hellen, ärgerlichen «Tjipp-tjipp» vom Nest auf und entfernt sich mit ruckenden Flügelschlägen. Ich richte mich rasch ein, um wieder einmal durchs Schlüsselloch zu gucken.

Es dauert auch diesmal keine vier Minuten, da tönt es schon wieder «tütü» rechts hinter mir. «Tü-tü» flötet es noch einmal kurz hinter dem Zelt. Bald höre ich ihn rechts leicht plätschern und sehe, wie er dort um ein Heidekrautbüschel biegt. Dann steht er steil und reckt den Hals. So munter er ist, so wenig er von Stillhalten hält, vorsichtig ist er dennoch. Mitten in seinem seichten Burggraben steht er, zarte Wellchen verlaufen sich, sein Spiegelbild zittert leicht. Da wendet er sich, schreitet im seichten Wasser weiter mit seinen hohen, orangeroten Beinen, fährt einmal rasch rechts mit dem Schnabel in den Schlamm, dann links. Hält an und ruckt mit dem Kopf. Er schickt einen schiefen Blick nach dem Himmel, aber ich sehe nicht, was es für ihn da oben zu bemerken gibt. Nach dem Zelt her äugt er nicht. Schließlich zögert er nicht mehr, besteigt seine Insel, schlüpft geduckt das letzte Stück durch das Heidekraut, schlieft unter den Grasschopf, der über seinem Gelege steht, und kuschelt sich über die Eier.

Daraufhin beginnt der nächste Akt. Er strampelt sich und seine Eier zurecht. Und weil er doch ein Rotschenkel ist, kann er immer noch nicht stillhalten. Mögen andere vor sich hindösen und brüten dabei, er tut es nicht. Er streckt den Schnabel vor, macht den Hals lang und zieht ein Hälmchen zu sich her. Es biegt sich zurück, er holt es wieder. Er dreht den Kopf nach hinten, faßt einen anderen Halm, legt ihn über sich. Das geht ein paar Minuten so, dann plustert er sich auf, als wäre es ihm jetzt endlich so richtig behaglich. Aber dann stört ihn doch noch ein Zweiglein, das er unbedingt anders legen muß. Eine Möwe fliegt über uns und kreischt. Im Augenblick legt der kleine Vogel den Kopf schräg und äugt hinauf. Dann stochert er kurz neben dem Nestrand und bringt es in der Folge fertig, eine Minute lang ruhig zu sein.

Inzwischen hat sich ein leichter Wind aufgemacht, und ein Hauch fährt dem brütenden Rotschenkel von hinten unter die Federn. Das ist wohl der Grund, warum er schon wieder quecksilbrig wird. Er macht Anstalten, sich umzudrehen. Nun ginge das ja sehr einfach, wäre der Grasschopf nicht über seinem Nest. Undenkbar, ihn mehr als nötig zusammenzudrücken! So hebt der geplagte Vogel sein Hinterteil, bückt den Schnabel tief ins Nest und arbeitet sich 180 Grad herum. Dabei bilden Kopf–Körper–Schwanz nahezu eine Senkrechte, und es sieht beinahe aus, als versuche sich der Rotschenkel im Kopfstehen.

Endlich sitzt er wieder über den Eiern, andersherum als vorher, und beginnt wieder zu basteln. Ein Hälmchen nach vor, ein anderes näher her. Er werkt und zupft und zieht viel mehr, als mir lieb ist, denn er verdeckt sich auf diese Art immer mehr. Nicht weit weg flötet ein anderer weich «djü-dü-dü», und der im Nest macht einen langen Hals. «Djü-dü-dü» kommt es noch einmal, setzt sich fort, verschmilzt zu Trillern und wird ein süßes Lied. Worauf der Brütende wieder ruhig zu basteln beginnt.

Jede Vogelart weist charakteristische Eier auf. Wohl ähneln sich die Eier der Bodenbrüter hier im Moor, doch sind es je nach Art kleinere oder größere Eier, sie sind heller oder dunkler gefleckt, ihre Flecken liegen dichter oder lockerer, sind kleiner, wie versprüht oder ausgedehnter. Aber jedes Ei ist geheimnisvoll. Wie das Samenkorn ist es ein Wunder der Natur. Ein neues Lebewesen, eingebettet als Eidotter in eine Nährmasse und umhüllt von einer festen Kalkschale. Und während es bebrütet wird, gewärmt und gewendet, findet die gesamte Verwandlung statt. Ereignisse, Vorgänge feinster Natur, um die wir wissen und die dennoch im Grunde rätselhaft sind wie das Leben selbst.

Nach bestimmter Brutdauer, die für jede Art festgelegt ist, beginnt das Küken die Eischale von innen her mit dem Eizahn aufzubrechen. Dieser kalkige Aufsatz seines Schnabels hat sich erst ein paar Tage davor gebildet, und das Küken wird ihn auch bald nach dem Schlüpfen wieder verlieren.

Mit seinem Erscheinen hat sich auch die Welt für den brütenden Vogel grundlegend verändert. Das zeigt sich auch hier im Moor, das sich in diesen Wochen immer mehr zur Kinderstube wandelt. Im Wesen des Brachvogels fällt diese Veränderung um die Maimitte auf. Bisher zogen sie mit gemessenen Flügelschlägen ihre flachen Bogen über das Moor. Sie brüteten an Stellen, wohin kaum jemand kommt.

Auf den geschichteten Torfziegelhaufen steht der Brachvogel gern, hochbeinig und ruhig, und wendet den Kopf mit dem langen, sanft gebogenen Schnabel. Vielleicht öffnet er ihn, streckt den schlanken Hals und singt, singt, breitet seine Schwingen, fliegt ruhig und ohne Hast ab und zieht seinen Gesang mit sich fort. Aber als wir um die Maimitte zum Brachvogelnest hinter dem Fieberklee kamen, um nachzusehen, wie es dort mit seinen vier großen, olivbraun gefleckten Eiern stünde, flog einer auf und rief «dlüü-dlüü-dlüü» und warnte «dluuu-i, dluuu-i!» Er kreiste über uns, schrie laut und hell und dachte nicht daran, still abzustreichen wie bisher. Nur rasch eine Kontrolle, dann gehen wir ja schon. Hier, die kleine, dunkelgründige Wasserlache, an deren Rand er sein Nest hat. Doch statt dessen liegt ein großer Vogel im Heidekraut, flach an den Boden gedrückt, den Kopf vorgestreckt, den langen Schnabel vor sich hingelegt, und rührt und regt sich nicht. Ich sehe seine klaren, dunklen Augen, sehe, wie sich die weichen, hellen und dunkleren Federn im raschen Rhythmus des Atmens heben und senken. Dieses Heben und Senken und seine Augen sind das einzige Lebendige an ihm. Sonst bewegt sich nichts an dem Tier. Nur die Stellung, in der er liegt, verrät seine innere Spannung.

Wir zögern, noch näher zu treten. Dann tun wir doch noch einen Schritt gegen ihn. Und bleiben wieder zögernd stehen. Vielleicht ist schon im nächsten Augenblick der Bogen überspannt, und er fliegt auf, voll Entsetzen, und schreit? Der andere zieht unentwegt seine Kreise um uns. Nein, stören wir ihn nicht noch mehr. Ich mache einen Schritt zurück, verliere ein wenig das Gleichgewicht und kann eine hastige Bewegung nicht ganz unterdrücken. Da läuft der große Vogel leise fort vom Nest. Er stiehlt sich weg. Dann fliegt er auf, und nun umkreisen uns beide und warnen «dluuu-i, dluuu-i . . .» und kommen so nahe, daß wir ihre Federn zählen könnten. Dann fällt der eine acht Meter neben uns ein – er, der so sehr auf Distanz bedacht ist! –, streckt seine Gestalt, reckt den Hals, blickt her zu uns und warnt und warnt. Statt der vier Eier sind vier kleine Brachvögel im Nest! Sie bemühen sich, dem Ruf zu gehorchen, so gut sie es vermögen, obwohl es wahrscheinlich das erste Mal ist, daß sie ihn vernehmen. Drei torkeln auf ihren viel zu großen, taubengrauen Füßen aus dem Nest, patschen ins seichte Wasser hinein und sind kurz darauf im Gekräut verschwunden. Das jüngste Kind liegt noch im Nest, verklebt, wie es scheint, und ruft sein helles «Pieppiep», ein paar Eischalen liegen noch herum. Rasch gehen wir weiter. Eines der beiden Elterntiere fällt nahe dem Nest ein, lockt die Jungen zurück zum Nest und kuschelt sich auf das Jüngste, dessen Äußeres sich in wenigen Minuten verändert haben wird. Es muß ja nur noch die hauchdünnen Federhülsen abreiben, um vom «verklebten» Vogelkind im Handumdrehen zum Daunenbällchen zu werden.

Brachvogeljunge, kleine Bekassinen, Rotschenkel, Kampfläufer, Kiebitze, Enten und Möwen, alle Bodenbrüter hier im Moor sind Nestflüchter. Manche beginnen bereits in den Abendstunden des Vortages, viele erst in den frühen Morgenstunden des gleichen Tages, an dem sie schlüpfen werden, die Eischale von innen her am stumpfen Pol kreisrund zu perforieren. Zuletzt drücken sie die Schalenkappe mit dem Köpfchen ab und bewegen sich heraus aus dem Ei. Der dünne Hals kann das schwere Köpfchen noch nicht tragen, die Gelenke sind noch nicht eingespielt, der kleine Vogel kippt ständig um oder knickt ein. Er muß erst erfahren, wo oben und unten, rechts und links ist. Unansehnlich liegt er da, bewegt fahrig und ohne Ziel das Köpfchen, die Beine, den kleinen Körper und piept. Stunden darauf ist er bereits das bekannte, süße Daunenbällchen, blickt mit blanken Augen in seine Welt. Manche klettern dem Elternvogel über das Rückengefieder, und wird es kühl, weil die Sonne verschwunden ist oder ein kalter Wind einfällt, streben sie wieder zurück in die Wärme des Nestgrundes, und der alte Vogel hebt sich ein wenig, hilft beim einen oder anderen sachte mit dem Schnabel nach und läßt sie unterkriechen. Am Abend desselben Tages ist das Nest bereits leer, und irgendwo in der Nähe hört man den typischen Lockruf der Altvögel und das Piepen der Jungen. Eine Weile noch werden die Jungen geführt, doch stochert bereits das einen Tag alte Küken mit dem Schnabel im weichen Boden, wie die Alten es tun.

Ganz anders verläuft bekanntlich bei den Nesthockern die erste Kindheit, bei den Singvögeln, den Eulen, Papageien. Nachdem sich der kleine Nesthocker aus dem Ei herausgearbeitet hat, ist er nackt und blind und reißt, wenn er die erste Schwäche überwunden hat, den Schnabel weit auf, daß der kräftiggefärbte Schlund sichtbar wird, und die Eltern beginnen ihn zu füttern. Allmählich wächst er heran, wird sehend, die Federn sprießen, seine inneren Organe entwickeln sich weiter, und das Gehirn entfaltet sich. Und pausenlos sind die Elternvögel daran, zu füttern, die Kotballen zu entfernen und zu wärmen, wenn es kühl ist. Ohne wochenlange Elternhilfe wäre der Nesthocker nicht lebensfähig. Er reift erst nach, während der Nestflüchter von den ersten Stunden an ein fertiger Jungvogel ist, wenn er auch noch eine Zeitlang von den Elternvögeln geführt wird.

Ein Blick auf die Stammesgeschichte der Vögel bringt uns deren Reptilienahnen in Erinnerung. Auch Kriechtiere sind Nestflüchter: Schildkröten graben Gruben in den Sand oder Erdboden, legen die Eier hinein, schütten die Gruben zu und tarnen sie. Die Jungen schlüpfen, indem sie mit Hilfe einer Eischwiele am Oberkiefer die Eihülle durchbrechen und sich dann an die Erdoberfläche hinaufarbeiten. Ohne Elternhilfe treten sie in ihr Leben ein. Krokodile legen hühnereigroße, hartschalige Eier in Ufernähe in selbst ausgehobene Gruben, oder sie bauen Laubnester für sie und regeln durch Befeuchten und Umschichten die Bruttemperatur. Und sind dann die Jungen geschlüpft, werden sie vom Krokodil noch eine Weile geführt, nicht anders als dies auch eine Bekassinen-, Brachvogel- oder Entenmutter mit ihren Jungen tut. Eidechsen vergraben ihre pergamentschaligen Eier im Boden. Die Jungen schlüpfen aus und sind selbständig. Schlangen legen ihre Eier im Boden ab, brüten sie in einzelnen Fällen selbst aus – wie z.B.

der Python – oder bringen, von der Regel abweichend, lebende Junge zur Welt.

Die Parallelität zwischen den Verhältnissen und dem Verhalten der Kriechtiere und der Vogelmütter der Nestflüchter legt den Schluß nahe, daß eine Reihe von Vogelarten dieses Prinzip des Nestflüchters weitergeführt hat, während bei anderen hier ein Entwicklungsprozeß eingegriffen hat, der zur heutigen Jugendform der Nesthocker führte. Die Weiterführung des einen wie das Anbahnen des anderen Weges reicht jedoch, wie wir wissen, weit über die bloße Erscheinungsform der nestflüchtenden oder nesthockenden Vogelkinder hinaus.

In Australien und auf nördlich davon gelegenen Inseln leben die Großfußhühner, eine sehr merkwürdige Familie der Hühnervögel, die in diesem Zusammenhang wie ein noch lebendes Bindeglied zwischen den Kriechtieren und Vögeln erscheinen. Sie legen ihre außerordentlich großen Eier in Gruben, die sie wie die Schildkröten in den Sand graben, oder in Gänge, wo der Boden durch vulkanische Tätigkeit warm ist. Sie schütten Gruben oder Gänge zu, und das von der Bodenwärme ausgebrütete Kind ist wie eine kleine Schildkröte elternlos vom ersten Tag an. Bei anderen Gattungen dieser Familie zeigt sich eine verblüffende Ähnlichkeit mit dem Verhalten der Krokodile. Beim Großfußhuhn übernimmt allerdings die Herstellung und Wartung des Bruthaufens der Hahn. Er scharrt und trägt Erde, Laub und andere Pflanzenteile zusammen, baut das merkwürdige Nest, das bis 12 Meter Durchmesser und 5 Meter Höhe aufweisen kann. Er regelt und kontrolliert die Gärungswärme und holt, wenn diese entspricht, die Hennen zur Eiablage herbei. Auch noch während der sieben bis zwölf Wochen andauernden Brutzeit ist er um die Temperatur des Bruthaufens unablässig besorgt. Doch dann erlischt seine Fürsorge schlagartig. Die Küken schlüpfen im Inneren aus, arbeiten sich an die Oberfläche heraus und sind von Anfang an auf sich selbst gestellt.

Das Wechselspiel zwischen dem Vogel und seiner Welt und seine Beziehung zu ihr sind Gegenstand intensiver Forschung, namentlich die Vorgänge im Bereich der angeborenen Verhaltensweisen, der auch bei Vögeln stark besetzt ist und ihre Lebensabläufe auf weite Strecken regelt. Auch bei ihnen zeigt sich ja beispielsweise die Zeit der Paarung und Jungenaufzucht als sehr straff geregelt durch angeborene, sinnvolle Handlungsweisen, mit welchen sie auf bestimmte auslösende Reize reagieren. Zugleich aber schimmert bei ihnen auch in diesen Bereichen ihres Lebens etwas wie ein gewisser individueller Charakter durch. So zeigen z.B. viele Vögel bei der Partnerwahl ausgesprochene Sympathien oder Antipathien, die sich nicht überspielen lassen. Und in der Art, wie sie angeborene Handlungen durchführen, erweist sich nicht selten der eine als angriffig, ein anderer als überlegen, der dritte wirkt ängstlich, der vierte sanftmütig u.ä.m.

Insbesondere die Erforschung der rätselhaften Vogelzüge hat an den Tag gebracht, daß Vögel auch über Sinne und Fähigkeiten verfügen, für die es bei uns keine Parallelen gibt. Auch sie leben in einer anderen Welt als wir. Vielleicht können wir letztlich nie den Schlüssel in die Hand bekommen, der uns alle Bereiche ihres Wesens aufzuschließen vermag. Doch schon das Bemühen darum öffnet den Blick für vieles, das uns vorher unbekannt war, und überträgt nicht selten etwas von der unbefangenen Heiterkeit, die ihm zu eigen ist, auch auf uns.

Einer der merkwürdigsten Vögel ist der im tropischen Urwald Amerikas beheimatete Königsgeier.

Noch trägt der junge Brauntölpel Reste des Dunenkleides.

Die beiden jungen Steinkäuze zeigen bereits das Jugendkleid, das bei ihnen sehr bald auf das schneeweiße Dunenkleid folgt. Mit einem Jahr sind sie dann bereits erwachsen.

Rechts:
Die Bekassine ist ein sehr scheuer Brutvogel. – Kurz nachdem die Jungen aus den Eiern geschlüpft sind, sind sie bereits, nach Art der Nestflüchter, kleine aktive Dunenbällchen. Schon am Spätnachmittag ihres Geburtstages verlassen sie unter Führung der Eltern das Bodennest.

Links:
Die beiden kleinen Uferschnepfen sind erst wenige Stunden alt. Eines besitzt noch den weißen Eizahn, mit dem es von innen her das Ei aufgebrochen hat. Beide stehen noch recht unsicher auf den großen, grauen Füßen.

Trauerseeschwalben brüten in Kolonien. Ständig fliegen um diese Zeit futterbringende Elternvögel über die Nester, jedoch nur der eigene Elter – hier der Vater – wird von den winzigen, buntscheckigen Jungen angebettelt.

Eben hat das erste Junge des Brachvogelgeleges das Ei verlassen. Noch hat es nicht gelernt, das Gleichgewicht zu halten, seine Federn stecken noch in den feinen Hülsen, dadurch sieht es wie naß und verklebt aus. Doch muß es sich nur ein wenig am Gefieder des wärmenden Elternvogels reiben – schon ist es ein rundes, niedliches Dunenbällchen!

166

Zur Zeit der Balz breitet der Pfauenhahn die prächtige Schleppe zu einem Rad aus und richtet es auf. – Vermutlich ist der Pfau der älteste «Ziervogel».

Rechts:
Die Nahaufnahme enthüllt den ungemein feinen Bau einer Pfauen-Schleppfeder.

168

Ein schillernder kleiner Kolibri holt Insekten zwischen Hibiskus-Blütenblättern heraus. Wohl saugen diese kleinen Vögelchen auch Nektar, der wesentliche Bestandteil ihrer Nahrung jedoch besteht aus bestimmten Insekten.

Naturfotografie im Nahbereich

In der Fotografie versteht man allgemein unter Nahbereich jenen Bezirk, der zwischen den Vergrößerungsmaßstäben 1 : 15 und 1 : 1 liegt. Die oberste Grenze mit einer Vergrößerung 1:15 ist zugleich die unterste Leistungsgrenze des sogenannten Normalobjektivs, bei einer Kleinbildkamera ein Objektiv mit 50 mm, bei einer 6 × 6-Kamera mit 80 bis 85 mm Brennweite. Diese Normalobjektive gestatten Annäherungen bis etwa 80 cm an ein bestimmtes Objekt. An diesen Nahbereich schließt sich der extreme Nahbereich oder der Makrobereich an, der die Abbildungsmaßstäbe ab 1:1 bis 25:1 einschließt.

Noch vor wenigen Jahrzehnten stand ein Naturfotograf, der lebende Objekte im Nahbereich aufnehmen wollte, vor recht beträchtlichen Schwierigkeiten. Damals war Nahfotografie allgemein noch recht problematisch – um wieviel mehr, wenn es sich um bewegte Objekte handelte, die möglichst frei und nicht manipuliert in ihren Äußerungen bleiben sollten! Ich möchte nicht behaupten, daß heute das Fotografieren in diesen Bereichen unproblematisch geworden ist. Immer wieder zeigen sich Schwierigkeiten verschiedenster Art, doch mit Hilfe der modernen Fototechnik und eigener Erfahrung sind die meisten von ihnen zu lösen.

Um in den Nahbereich vordringen zu können, stehen uns heute verschiedene Möglichkeiten offen. Am einfachsten und am wenigsten aufwendig, in ihrer Leistung allerdings begrenzt, sind die sogenannten Vorsatzlinsen, die den Bereich des Normalobjektivs erweitern, das heißt, mit Normalobjektiv und vorgesetzter Vorsatzlinse kann man sich dem Objekt mehr nähern, man kann es somit in einem größeren Abbildungsmaßstab aufnehmen. Zu den meisten entsprechenden Kameras werden solche Vorsatzlinsen angeboten, die z.T. auch gekoppelt verwendet werden können. Doch besteht bei einer solchen Koppelung von mehreren Vorsatzlinsen die Gefahr, daß die Abbildungsqualität zunächst besonders in den Randzonen nachläßt.

Je ernsthafter wir uns der Nah- bzw. der extremen Nahfotografie zuwenden wollen, desto sorgfältiger werden wir bei der Wahl der Kamera sein. Es sind heute bereits eine ganze Reihe von Kleinbild-Spiegelreflexkameras im Handel, mit deren Objektiven wir Abbildungsmaßstäbe bis etwa $^{1}/_{5}$ der natürlichen Größe ohne Verwendung einer Vorsatzlinse erzielen können. Die Vorsatzlinse erweitert in diesen Fällen den Bereich bis nahezu zur halben natürlichen Größe, wie dies z.B. für das Zeiss-Planar 1:2/50 mm zur Contarex zutrifft. Die Firmen Leitz und Nikon haben für ihre Kameras besonders geeignete Objektive für den Nahbereich entwickelt, die es erlauben, ohne jede Vorsatzlinse einen Abbildungsmaßstab von 1:2 zu erzielen. Ein jeweils in die Grundausrüstung eingeschlossener Adapter, der zwischen Objektiv und Kamera geschaltet wird, hält die Belichtungsautomatik aufrecht und erweitert den Abbildungsmaßstab lückenlos von 1:2 bis 1:1. Es handelt sich hierbei um die Objektive Macro-Elmarit-R 1:2,8/60 mm (Leitz) und Micro-Nikkor-P Auto 55 mm f/3,5 (Nikon).

Jedem, der an der Nah- und Makrofotografie interessiert ist, ist mit dieser Grundausrüstung – Kamera (und Adapter) mit Makroobjektiv – die leichteste und vielseitigste Kombination in die Hand gegeben. Wie die Praxis zeigt, erweisen sich Objektive von kürzerer bzw. längerer Brennweite im Einsatz den beiden angeführten als absolut unterlegen. Bei kürzerer Brennweite ist die Aufnahmedistanz für 1:1 besonders bei bewegten Objekten zu kurz, bei Objektiven längerer Brennweiten erweist sich deren größeres Gewicht und damit die ungünstigere Gewichtsverteilung bei Aufnahmen aus freier Hand als nicht zu unterschätzender Nachteil.

Ein weiterer Faktor, der bei der Nahaufnahme über Vergrößerungen von 1:2 hinaus ins Gewicht fällt und der bei der Makroaufnahme eine ganz wesentliche Rolle spielt, ist die Schärfentiefe. Je stärker wir bei der Aufnahme vergrößern wollen, desto geringer wird der Schärfentiefenbereich werden. Um aber auch in diesen Fällen eine möglichst große Schärfentiefe zu erzielen, ist eine starke Abblendung nötig. Im Ausmaß der Abblendung nimmt die Schärfentiefe zu. Wir können aber nur in bestimmten Grenzen abblenden, da die Belichtungszeit länger werden muß, je mehr wir abblenden. Um nun eine genügende Schärfentiefe erzielen zu können, ohne das Bild wegen der langen Belichtungszeit zu «verwackeln», werden wir zu einem geeigneten Stativ greifen müssen. Ist der aufzunehmende Gegenstand unbewegt, wie dies ja auch bei Objekten in der Natur sein kann, ist damit ein nicht unwesentliches Problem gelöst.

In den meisten Fällen aber sind natürliche Objekte bewegt, wenn auch nur durch die Einwirkung eines feinen Luftzuges, z.B. bei Blumen in den Bergen. Hier ist ein Stativ unerläßlich. Den Drahtauslöser in der Hand, können wir den zur Aufnahme geeigneten Augenblick ruhig abwarten, trotz Luftzug, Wind und wechselnder Lichtverhältnisse. Anders liegen die Dinge allerdings, wenn sich die Objekte in einem größeren, weniger eng begrenzten Rahmen bewegen, wie dies z.B. bei Schmetterlingen der Fall ist. In den seltensten Fällen reicht bei ihnen die Zeit, um noch ein Stativ aufzubauen. Viel zu schnell sind sie weggeflogen. Und selbst wenn es gelingen sollte, ein Stativ aufzustellen, bewegt sich der Schmetterling meist viel zu rasch aus dem eingestellten Schärfenbereich hinaus. Um ihn möglichst formatfüllend ins Bild zu setzen und dabei noch die nötige Schärfentiefe zu erzielen, müssen wir zusätzlich ein Elektronenblitzlichtgerät einsetzen. Der Elektronenblitz ist jene zusätzliche Lichtquelle für uns, die es erlaubt, bei völliger Abblendung des Objektivs – wodurch die größtmögliche Schärfentiefe erzielt werden kann – eine extrem kurze Belichtungszeit anwenden zu können. Mit seiner Hilfe ist es sogar möglich, selbst stark bewegte Objekte aus freier Hand aufzunehmen, da $^{1}/_{1000}$ Sekunde selbst eine vor einer Blüte schwirrende Schwebfliege scharf erfaßt (mit nur dynamischer Bewegungsunschärfe der Flügel). Allerdings muß man es fertigbringen, auf den bildwichtigsten Punkt scharf einzustellen!

Neben der erwähnten, sehr handlichen Grundausrüstung, also der Kamera mit Adapter, dem Makroobjektiv und eventuellen Vorsatzlinsen, gibt es noch eine Reihe weiterer Kombinationen, die den Nahbereich erschließen und die von verschiedenen Firmen angeboten werden. Vor allem ist das Balgengerät zu erwähnen, das in Verbindung mit einem geeigneten Objektiv den gesamten Bereich von ∞ bis 1:1 lückenlos erfaßt. In diesem Zusammenhang werden Objektive zwischen 90 mm und 115 mm Brennweite verwendet. Zur Zeiss-Contarex, mit der ich bisher gearbeitet habe, ist dies das Zeiss-Tessar 1:2,8/115 mm, zur Leicaflex SL das Macro-Elmar 1:4/100 mm und zur Nikon das Balgen-Nikkor 1:4/105 mm, wobei letzteres den größten Bereich erfaßt, nämlich bis 1,3:1; es reicht also noch über die Abbildung in natürlicher Größe hinaus. Wohl haben allgemein Balgengeräte den Nachteil, die Ausrüstung etwas unhandlicher zu machen. Doch wird dies allein schon durch den nicht zu unterschätzenden Vorteil aufgewogen, daß die Kamera jeweils beliebig von Quer- auf Hochformat geschwenkt werden und dabei in jeder beliebigen Zwischenstellung eingesetzt werden kann. Solche Schwenkungen, die sich öfter ergeben, als man annehmen mag, sind vom Stativ aus sonst nur mit Hilfe eines Kugelgelenkes zu bewerkstelligen, wobei jedoch die optische Achse verschoben wird und somit jedesmal ein neuerliches Einstellen und Festlegen des gewünschten Bildausschnittes nötig wird. Bei Verwendung des Balgengerätes fällt dies vollständig weg.

Nicht selten kommt es vor, daß jemand seine Vorliebe für die Nahaufnahme erst entdeckt, nachdem er bereits eine gute Spiegelreflexkamera erworben hat, die jedoch kein diesbezügliches Zubehör aufweist. Auch ihm ist indessen nicht verwehrt, mit dieser Kamera Aufnahmen im Nahbereich herzustellen, denn die Firma Novoflex baut Balgengeräte mit Wechselanschluß für über dreißig verschiedene Kameramodelle und dazu auch Objektive, die an Bildqualität kaum Wünsche offenlassen. Häufig wird das sehr beliebte Weitwinkel-Noflexar 1:3/35 mm, das ein außergewöhnliches Objektiv von ungewöhnlicher Konstruktion ist, bestens entsprechen. Es weist einen vierstufigen Auszug auf. Jede dieser vier Stufen rastet deutlich ein und erleichtert damit eine rasche Arbeit wesentlich. Insgesamt umfaßt dieses Objektiv den Bereich von Unendlich bis zur halben natürlichen Größe. Darüber hinaus kann es natürlich auch mit dem Balgengerät verwendet werden. Umgekehrt an eine Kamera gesetzt, also in der sogenannten Retrostellung verwendet, liefert es Abbildungsmaßstäbe von 2,5:1 bis 5:1. Auch andere Objektivköpfe für Balgengeräte werden von Novoflex hergestellt, so daß sich praktisch auch für alle jene Spiegelreflexkameras, zu denen von der Herstellerfirma diese Zusatzgeräte nicht geliefert werden, das Programm so erweitern läßt, daß die Nah- und die Makrofotografie jedem offensteht.

Objektive, die sich am Balgengerät besonders bewähren, weisen eine längere Brennweite auf als die sogenannten Normalobjektive. Dadurch werden auch größere Arbeitsabstände vom Objekt erreicht, was z.B. beim Fotografieren von Schmetterlingen, Fröschen und allen jenen Tieren ein augenfälliger Vorteil ist, die bei einer bestimmten Größe eine Fluchtdistanz aufweisen, die man auch bei einer Aufnahme nicht unterschreiten darf.

Je kleiner das Objekt ist, desto stärker muß naturgemäß bei der Aufnahme abgeblendet werden. Um dabei die genügende Schärfentiefe zu erzielen, ist die stärkstmögliche Abblendung des Objektivs erforderlich, und dies wieder bedingt mitunter Belichtungszeiten von mehreren Sekunden. Bei bewegungslosen Objekten, beispielsweise Mineralien, Muschelschalen, Schneckengehäusen, Rinden, Blättern, die sich im Atelier abbilden lassen, werden diesbezügliche Schwierigkeiten durch Verwendung eines stabilen Stativs und einer entsprechenden Kunstlichtbeleuchtung überwunden. Doch arbeitet der Naturfotograf vorwiegend in freier Natur, wird er von Fall zu Fall entscheiden müssen, welcher Gerätekombination der Vorzug zu geben ist.

Vorweggenommen sei, daß nunmehr ein Elektronenblitzlichtgerät unerläßlich ist. Man findet heute solche in großer Auswahl. Bei der Wahl hängt es davon ab, welche Anforderungen man an das Ergebnis stellt. Wohl genügt mitunter eine Lichtquelle zur Ausleuchtung, doch werden sich dabei häufig starke Schattenpartien nicht vermeiden lassen, wenn das Objekt nicht zu flach und kontrastlos abgebildet werden soll. Auch ist bei dieser Aufnahmetechnik der Hintergrund meist dunkel bis schwarz; dies verleiht dem Bild eine unerwünschte düstere und unwirkliche Note. In solchen Fällen gibt es nur die eine Lösung, nämlich zwei, besser noch drei Lichtquellen einzusetzen. Dabei werden zwei Lichtquellen von zwei Seiten auf das Objekt gerichtet, die dritte leuchtet den Hintergrund aus. Damit wird eine vollkommen natürliche Ausleuchtung erreicht. Die Entfernung der einzelnen Blitzröhren vom Objekt hängt von der Leistung des Gerätes ab. Ich arbeite seit Jahren mit dem Metz-Gerät Mecablitz 502. Es ist so handlich, daß es sich gut im Rucksack unterbringen läßt, und gibt die Möglichkeit, beliebig viele Zusatzlampen zu koppeln. Die drei nötigen Lichtquellen werden also zugleich gezündet. Außerdem läßt sich dieser Mecablitz 502 auf die halbe Leistung einstellen. In den meisten Fällen erweist sich diese als durchaus ausreichend.

In besonderen Situationen wird uns ein Ringblitz die Arbeit im Gelände sehr erleichtern können. Von der Firma Paffrath und Kemper werden solche Ringblitze in zwei verschiedenen Größen hergestellt; sie lassen sich praktisch an jedes Objektiv mittels eines entsprechenden Adapterringes ansetzen. Sie sind zu den verschiedensten Elektronenblitzlichtgeräten zu verwenden, es muß lediglich jeweils der entsprechende Stecker angebracht werden. Außerdem lassen sie sich auch mit einer Sektorenblende versehen, dadurch kann eine Modulation in der Ausleuchtung erreicht werden, die sonst nur durch den Einsatz von zwei Blitzröhren erzielt werden kann.

Das Balgengerät in Verbindung mit den erwähnten Objektiven bzw. Objektivköpfen hat allgemein mit dem Abbildungsmaßstab 1:1 seine Leistungsgrenze erreicht. Um größere Abbildungsmaßstäbe zu erreichen, kann man kürzerbrennweitige Objektive mit dem Balgengerät verwenden, wie beispielsweise das angeführte Weitwinkel-Noflexar, mit dem Abbildungsmaßstäbe bis etwa 5:1 erzielt werden. Lassen sich jedoch, im Gegensatz zu diesem Objektiv, kurzbrennweitige Objektive nicht in der Retrostellung verwenden, ergeben sich bei ihnen bei stärkeren Vergrößerungen recht erhebliche, fast unüberwindliche Schwierigkeiten. Beispielsweise ist bei einem Objektiv von 50 mm Brennweite ein Auszug von 24 (!) cm erforderlich, um einen Abbildungsmaßstab von 6:1 zu erzielen. Ein solcher Auszug kann nur durch lange Zwischenrohre oder durch die Kombination eines Balgengerätes mit Zwischenrohren erreicht werden. Dadurch wird die Apparatur derart unhandlich und selbst auf dem Stativ so labil, daß man mit ihr kaum mehr arbeiten kann. Außerdem befindet sich in einem solchen Fall das Objekt nur wenige Millimeter vor der Frontlinse. An eine seitliche Beleuchtung ist praktisch nicht mehr zu denken, ohne daß störende Lichtreflexe auftreten, die jede Aufnahme unbrauchbar machen.

Dieser Vergrößerungsbereich wird beispielsweise mit den sogenannten Zeiss-Luminaren erschlossen, die es in verschiedenen Brennweiten gibt. Erinnern wir uns an das vorhin erwähnte Beispiel, bei dem der erforderliche Auszug 24 cm beträgt, um einen Abbildungsmaßstab von 6:1 zu erzielen. Um diese Vergrößerung zu erreichen, verwende ich das Luminar von 16 mm Brennweite, bei dem der Balgen geschlossen bleiben kann, was einer Auszugslänge von 25 mm, gegenüber 24 cm, entspricht. Setzt man statt dessen das Luminar 1:3,5/25 mm ein, so ist eine Auszugslänge von etwa 60 mm erforderlich, um denselben Abbildungsmaßstab von 6:1 zu erzielen. Zu diesem Vorteil der Handlichkeit kommen noch zwei weitere wesentliche Faktoren hinzu. Der Arbeitsabstand – also die Entfernung zwischen Objektivvorderrand und Objekt –, der nur wenige Millimeter betrug und eine seitliche Beleuchtung unmöglich machte, hat sich nunmehr mit Hilfe der Luminare auf rund 20 mm vergrößert. Ferner besitzt das Luminar einen Durchmesser von lediglich 22 mm gegenüber jenem von etwa 50 mm eines Normalobjektivs. Dadurch ergibt sich eine wesentlich bessere Ausleuchtungsmöglichkeit, und wir müssen keine Lichtreflexe befürchten.

Auf gleiche Weise wie die Luminare können die Photare und Focotare der Firma Leitz eingesetzt werden; sie zeigen die gleichen großen Vorteile. Als Nachteil in beiden Fällen erweist sich lediglich, daß die Blenden von Hand geöffnet und geschlossen werden müssen. Damit sind dem Anwendungsgebiet dieser Objektive naturgemäß gewisse Grenzen gesetzt.

Ein Gerät, das den Bereich der Makrofotografie von 0,8facher bis 12,6facher Vergrößerung lückenlos erschließt, ist das Lupenobjektiv Zeiss-Tessovar. Es weist eine besondere Konstruktion und Vielseitigkeit auf. Wesentlich an ihm ist, daß es die Vorteile des hervorragend korrigierten Makroobjektivs mit dem eines Zoom-Objektivs verbindet. Durch eine vorgeschaltete Revolverscheibe können vier Bereiche erfaßt werden, von denen drei auf den Makrobereich entfallen. Innerhalb der einzelnen Bereiche lassen sich die Abbildungsmaßstäbe kontinuierlich verändern, wobei die Schärfe stets erhalten bleibt. Der Abbildungsbereich des Zoom-Objektivs liegt zwischen 1,6:1 und 6,4:1. Durch Drehen der Revolverscheibe kann das 0,5fache oder das 2fache Vorsatzobjektiv zusätzlich eingeschaltet werden, wodurch sich die Abbildungsbereiche von 0,8:1 bis 3,2:1 bzw. 3,2:1 bis 12,6:1 ergeben. Ein weiterer ins Gewicht fallender Vorteil ist der Arbeitsabstand, der im Bereich von 0,8:1 bis 3,2:1 150 mm beträgt, im Bereich 1,6:1 bis 6,4:1 75 mm und im Bereich 3,2:1 bis 12,6:1 36 mm! Es sind dies Arbeitsabstände, die sonst bei keiner Gerätekombination erreicht werden. Zudem sorgt eine automatische Blendennachstellung für die gleiche relative Öffnung, unabhängig vom Abbildungsmaßstab. Dies bedeutet, daß die Blitzlampe – sofern mit Elektronenblitz gearbeitet wird – stets den gleichen Abstand beibehalten kann. Bedient man sich einer anderen Beleuchtung, so erfolgt die Belichtungsmessung direkt durch das Objektiv mit Hilfe des Spezialbelichtungsmessers Ikophot M.

Lange Zeit war nicht daran zu denken, auch im Mittelformat im Bereich größerer Abbildungsmaßstäbe zu arbeiten, namentlich nicht im freien Gelände, dem bevorzugten Arbeitsbereich des Naturfotografen. Vor einigen Jahren kam mit der Rolleiflex SL 66 ein völlig neuer Kameratyp in den Handel, der auch für den Naturfotografen ein außerordentliches Arbeitsgerät darstellt. Mit dieser Kamera, in der ein Balgen eingebaut ist, läßt sich, bei Verwendung des Normalobjektivs (Zeiss-Planar 1:2,8/80 mm) und bei ausgezogenem Balgen, ein Abbildungsmaßstab von 0,6:1 erreichen. Wird dieses Normalobjektiv in Retrostellung verwendet, erweitert sich der Bereich auf 1:1 bis 1,6:1. Mit einem weiteren Objektiv, dem Zeiss-Distagon 1:4/50 mm, kann man im Makrobereich arbeiten. Es läßt sich ebenfalls in Retrostellung an der Kamera anbringen, wodurch Vergrößerungsfaktoren von 2- bis 3,5fach erzielt werden können. Damit auch bei der Retrostellung des Objektivs der Springblendenmechanismus erhalten bleibt, wurde ein spezieller Universalzwischenring geschaffen. Ein weiterer wesentlicher Vorteil ist der stark vergrößerte Arbeitsabstand bei Retrostellung, er beträgt 9,4 bis 8,6 cm. Dadurch ist jederzeit eine gute Auflichtbeleuchtung gewährleistet.

Auch bei der Rolleiflex SL 66 können, wie bei Kleinbildkameras, Abbildungsmaßstäbe bis über 20:1 erzielt werden! Dies wird z.B. durch den Einsatz der Zeiss-Luminare oder der Photare und Focotare der Firma Leitz erreicht, bei Mitverwendung des Zusatzbalgengerätes.

Damit erweist sich die Rolleiflex SL 66 als absolute Spitzenkamera auch für jeden im Nah- und Makrobereich arbeitenden Naturfotografen. Mir persönlich ist sie seit Jahren neben der Kleinbildkamera ein sehr geschätzter Begleiter.

Bisher war ausschließlich von der technischen Seite der Naturfotografie im Nahbereich und von den technischen Problemen die Rede. Sie müssen grundsätzlich gelöst werden, wenn uns das Ergebnis unserer Arbeit befriedigen soll, und jedes unserer Fotos wird zeigen, inwieweit wir eben dieser Schwierigkeiten Herr geworden sind. Darüber hinaus aber wird jedes dieser Fotos auch aussagen, in welcher Beziehung wir selbst zum Objekt, in unserem Falle zur Natur, stehen.

Wenn Objekte so klein sind, daß sie, in natürlicher Größe aufgenommen, nur einen kleinen Teil des Bildfeldes einnehmen würden, ist – um das Format möglichst auszunützen – eine stärkere Vergrößerung nötig. Damit sind wir in den extremen Nahbereich, in den sogenannten Makrobereich eingetreten, dessen Probleme von recht mannigfacher Natur sind.

Sehr wesentlich ist, daß die jeweiligen Objektive eine Vorwahlspringblende besitzen und daß diese auch in Verbindung mit dem Balgengerät wirksam bleibt. Bei Aufnahmen aus freier Hand und besonders bei bewegten Objekten ist eine Scharfeinstellung bei offener Blende unerläßlich. Bei der Vorwahlspringblende springt dann im Augenblick der Aufnahme die Blende auf den vorgewählten Wert zurück, mit Hilfe eines Doppeldrahtauslösers, dessen zweites Auslösekabel kurz danach den Verschluß betätigt, der zugleich auch den Elektronenblitz zündet.